기초영어회화
순간패턴
100

기초영어회화 순간패턴 100

초판 1쇄 발행 | 2021년 1월 25일
초판 6쇄 발행 | 2023년 11월 5일

지은이 | 성재원 (미니멀영어)
발행인 | 김태웅
책임편집 | 안현진, 김현아
디자인 | 아트뱅디자인
마케팅 | 나재승
제 작 | 현대순

발행처 | ㈜동양북스
등 록 | 제2014-000055호
주 소 | 서울시 마포구 동교로22길 14 (04030)
전 화 | (02)337-1737
팩 스 | (02)334-6624

ISBN 979-11-5768-685-8 13740

이 도서의 국립중앙도서관 출판예정도서목록(CIP)은 서지정보유통지원시스템 홈페이지(http://seoji.nl.go.kr)와
국가자료공동목록시스템(http://www.nl.go.kr/kolisnet)에서 이용하실 수 있습니다.
(CIP제어번호: 2020055264)

기초영어회화 순간패턴 100

성재원(미니멀영어) 저

동양북스

원어민이 가장 많이 사용하는
핵심 패턴 100개

왜 외국인 앞에만 서면 간단한 영어 문장을 말하는 것조차 힘들게 느껴질까요? 실제로 영어 실력이 왕초보가 아닌 분들도 이러한 어려움을 겪습니다. 이는 말하기 의 기초가 부족하기 때문에 나타나는 현상입니다. 하지만 단어, 문법, 표현 등 많은 것들을 한꺼번에 다 공부하려고 하면 눈앞이 캄캄해집니다. 이럴 때는 '패턴 영어' 로 시작하는 것을 추천해 드립니다.

패턴은 말이나 글 속에 있는 일정한 양식이나 규칙을 말합니다. 예를 들어 '나는 핸드폰을 찾고 있어.', '나는 아내에게 줄 선물을 찾고 있어.'에서 '나는 ~를 찾고 있어'가 패턴이 됩니다.

우리말과 마찬가지로 영어에서도 자주 사용하는 패턴이 있습니다. 이러한 영어 패턴을 알고 있으면 말문을 열기가 쉬워집니다. 해당 영어 패턴에 단어나 표현만 바 꿔 넣으면 하고 싶은 말을 쉽게 할 수 있기 때문입니다.

이 책에서는 원어민이 가장 많이 사용하는 핵심 패턴 100개를 주제별로 정리했 습니다. 매일 1개씩 이 패턴들을 연습해 주세요. 단순히 눈으로만 보고 지나가는 게 아니라 mp3를 들으며 입으로 소리 내어 여러 번 말하고 손으로도 써 보세요. 매일 꾸준히 반복하시면 내가 하고 싶은 말을 영어로 자연스럽게 말할 수 있을 겁니다. 책의 내용은 유튜브 채널 '미니멀영어'에서 온라인 강의가 순차적으로 공개되니 친절한 해설 강의와 함께 활용해 보세요.

　새해가 되면 많은 분들이 영어책을 구입하고 영어 공부를 시작합니다. 하지만 대부분의 경우 초반 몇 페이지를 넘기다가 흐지부지 끝나버립니다. 저는 여러분들에게 '나도 끝까지 공부한 영어책이 있다'라는 경험을 선물해 드리려고 합니다. 조금 느리고 아직 잘 못하더라도 괜찮습니다. 제가 여러분의 영어 학습 페이스메이커(pacemaker)가 되어서 마지막까지 여러분과 함께 달리겠습니다. 이 책을 통해 여러분 모두 영어 말하기의 기초를 튼튼히 쌓으시길 기원합니다.

성재원 (미니멀영어)

zen choi _ 저는 정말 왕초보인데 선생님의 강의를 반복적으로 듣다 보니 어느 순간 문장이 외워져 있었어요. 너무 신기해요. 목소리도 너무 좋으시고 무엇보다 너무 친절하게 알려주셔서 더 열심히 듣게 되네요. 감사합니다:)

Hyo Suk Yi _ 미국에 이민 온 지 몇십 년이 되었지만 아직도 영어가 어려워 헤매고 있다가 우연히 쌤 강의를 접하고 다시 한 번 도전하고 싶은 의욕이 생겼어요. 감사해요.

YOUNGHEE KIM _ 선생님의 강의는 레전드입니다. 영상 볼 때마다 생각하지만 목소리도 넘 좋으시고 설명도 자세히 해 주셔서 정말 도움이 많이 됩니다.

sun yoon _ 더 늦기 전에 영어회화에 도전하고 싶었던 손주 셋을 가진 63세 할머니입니다. 며칠 전부터 여기저기 유튜브 강의를 들어보다가 마음에 쏙 드는 강의를 발견하고 너무 기쁜 나머지 처음 글을 씁니다. 정말 감사드려요!

전영* _ 영어와 동행하면서 새로운 길을 걷는 기분입니다. 참 즐겁습니다. 정말 좋은 길을 알려주셔서 감사드립니다.

배미* _ 친절한 목소리와 딱 새겨지는 설명이라 크게 따라 하면서 배우게 됩니다. 초보 완전 탈출 희망을 느껴요. GO FOR IT!

사랑의집 _ 이렇게 공부하니 암기하려고 애쓰지 않아도 문장이 잘 들어오네요. 너무 좋은 방법이라 생각됩니다.

신연* _ 60을 바라보는 주부랍니다. 막연히 영어 공부에 도전한 지 일 년이 됐네요. 유튜브 강의를 많이 듣고 있지만 쌤 강의가 귀에 착착 감기네요. 진짜로 감사합니다.

Blueberry 3531 _ 해외에 거주하는데 영어 배우러 갈 시간도 없어서 영어 때문에 힘들어하고 있었어요. 귀에 쏙쏙 들어와 너무 좋네요. 열심히 해볼게요. 감사합니다.

진경초롱 _ 왜 이제야 선생님 유튜브를 알게 되었는지. 왕초보인 저도 쉽게 이해가 가고 배우기 편하네요.

박한* _ 여러 곳을 찾아 들어 봤는데 이처럼 와닿도록 설명해 주시는 분은 처음인 것 같아요.

핑크핑크 _ 이상하리만큼 귀에 쏙쏙 들어와요. 쌤 목소리가 집중력을 갖게 하네요. 감사합니다. 우연하게 영상을 접하게 됐는데 열심히 보고 있습니다.

이물빛저스틴 _ 영어 못하는 게 항상 답답했습니다. 칠십대 나이지만 선생님 강의가 너무 깔끔하고 시간도 짧고 해서 지루하지 않고 좋습니다. 감사합니다.

이양93 _ 선생님 목소리가 꿀 떨어지세요. 초면에 사랑합니다.

수수꽃다리 _ 항상 밝은 목소리, 적당한 속도, 꼭 필요한 문장 등 항상 감사하고 감사합니다. 이대로 꾸준히 하면 회화가 가능하겠죠!

Moonsun Kim _ 유튜버 선생님들 중 가장 목소리가 좋으시고 가장 쉽게 귀에 쏙쏙 들어오게 설명해 주십니다. 앞으로도 쭉 좋은 컨텐츠 부탁드립니다.

Aeran Ko _ 영어를 조금 안다고 생각하는데 입이 잘 떨어지지가 않고 있어요. 도움이 많이 됩니다. 미국에 사는 손녀랑 막히지 않고 대화할 수 있을 때까지 도전해 보겠습니다.

고성* _ 오늘도 생동감 있는 강의 감사합니다. 거부감 없이 진도 나가니 그 기쁨에 삶의 만족도가 2배, 3배입니다.

좋은 패턴을 암기하면
실패 없이 영어회화에 성공할 수 있습니다!

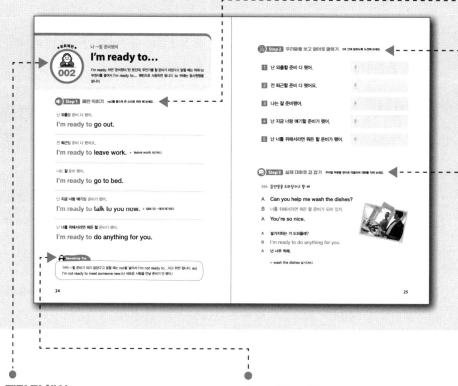

패턴 및 해설

네이티브가 일상회화에서 가장 자주 쓰는 100개의 대표적인 패턴들을 수록하였습니다. 패턴의 의미와 사용되는 상황, 뉘앙스 및 주의점 등을 알기 쉽게 설명하여 누구나 쉽게 회화에서 활용할 수 있도록 돕고 있습니다.

Speaking Tip

예문 중 조금 더 상세한 설명이 필요한 문장들에 대해 설명하는 코너입니다. 유사 표현과의 차이점, 반대 표현, 자연스러운 발음팁 등 다양한 회화팁을 제공합니다.

Step 1 패턴 익히기

각 패턴별로 네이티브가 일상회화에서 가장 많이 쓰는 대표 예문 5문장을 수록하였습니다. mp3를 들으며 큰 소리로 따라 하며 익혀 보세요. 문장을 자연스러운 속도로 발음할 수 있게 익히는 것이 중요합니다.

Step 2 우리말을 보고 영어로 말하기

제시된 우리말을 보고 영어로 말해 보세요. 5초 안에 바로 말할 수 없다면 Step 1으로 돌아가 반복 학습합니다. 영어 문장을 보고 뜻을 이해하는 것과 내 입으로 직접 말할 수 있게 익히는 것은 큰 차이가 있습니다.

Step 3 실제 대화로 감 잡기

실제 대화문을 통해 패턴 예문이 회화에서 어떻게 활용되는지 완벽하게 이해할 수 있도록 돕습니다. 영어 대화 중간에 제시되어 있는 우리말 부분을 본인의 대사라고 생각하고 앞서 배운 예문을 떠올려 영어로 말해 보세요.

MP3 무료 다운로드

동양북스 홈페이지(www.dongyangbooks.com)의 상단 메뉴바에서 '도서 자료실'을 클릭하신 후 검색창에 '기초영어회화 순간패턴 100'을 입력하세요.

• **우리말 1회 – 영어 2회 MP3**

패턴 본문 전체를 '우리말 1회-영어 2회'로 들려 줍니다. 우리말을 듣고 재빨리 영어를 떠올린 후 생각한 영어 표현과 같은지 확인하며 섀도잉을 합니다. 큰 소리로 따라 하면서 회화 연습을 해 주세요.

• **영어 귀를 만들어 주는 청취훈련용 MP3**

본문 전체 MP3 파일에서 영어 녹음 부분만 추출하여 제공합니다. 우리말의 간섭 없이 원어민의 발음 및 억양을 듣고 따라 하며 익혀 보세요. 영어귀가 확실히 만들어집니다.

📝 목 차

 PART 1   원어민이 매일 사용하는 **기본 패턴**

Unit 03. Are you…?

Unit 04. It's…

Unit 05. There's & That's

PART 2 회화에 꼭 나오는 **핵심동사 패턴**

Unit 06. want & like

Unit 07. think & know

Unit 08. mean & mind

Unit 09. feel & look

 PART 3   무엇이든 물어보는 **의문사 패턴**

Unit 10. Who & Why

PART **4** 알아두면 요긴한 **필수 패턴**

Unit 14. **조동사 필수 패턴**

Unit 15. **해외여행 필수 패턴**

100일 학습 플래너

Pattern 001	Pattern 002	Pattern 003	Pattern 004	Pattern 005
___월___일	___월___일	___월___일	___월___일	___월___일
Pattern 006	Pattern 007	Pattern 008	Pattern 009	Pattern 010
___월___일	___월___일	___월___일	___월___일	___월___일
Pattern 011	Pattern 012	Pattern 013	Pattern 014	Pattern 015
___월___일	___월___일	___월___일	___월___일	___월___일
Pattern 016	Pattern 017	Pattern 018	Pattern 019	Pattern 020
___월___일	___월___일	___월___일	___월___일	___월___일
Pattern 021	Pattern 022	Pattern 023	Pattern 024	Pattern 025
___월___일	___월___일	___월___일	___월___일	___월___일
Pattern 026	Pattern 027	Pattern 028	Pattern 029	Pattern 030
___월___일	___월___일	___월___일	___월___일	___월___일
Pattern 031	Pattern 032	Pattern 033	Pattern 034	Pattern 035
___월___일	___월___일	___월___일	___월___일	___월___일
Pattern 036	Pattern 037	Pattern 038	Pattern 039	Pattern 040
___월___일	___월___일	___월___일	___월___일	___월___일
Pattern 041	Pattern 042	Pattern 043	Pattern 044	Pattern 045
___월___일	___월___일	___월___일	___월___일	___월___일
Pattern 046	Pattern 047	Pattern 048	Pattern 049	Pattern 050
___월___일	___월___일	___월___일	___월___일	___월___일

100일 학습 플래너

Pattern 051	Pattern 052	Pattern 053	Pattern 054	Pattern 055
___월___일	___월___일	___월___일	___월___일	___월___일
Pattern 056	Pattern 057	Pattern 058	Pattern 059	Pattern 060
___월___일	___월___일	___월___일	___월___일	___월___일
Pattern 061	Pattern 062	Pattern 063	Pattern 064	Pattern 065
___월___일	___월___일	___월___일	___월___일	___월___일
Pattern 066	Pattern 067	Pattern 068	Pattern 069	Pattern 070
___월___일	___월___일	___월___일	___월___일	___월___일
Pattern 071	Pattern 072	Pattern 073	Pattern 074	Pattern 075
___월___일	___월___일	___월___일	___월___일	___월___일
Pattern 076	Pattern 077	Pattern 078	Pattern 079	Pattern 080
___월___일	___월___일	___월___일	___월___일	___월___일
Pattern 081	Pattern 082	Pattern 083	Pattern 084	Pattern 085
___월___일	___월___일	___월___일	___월___일	___월___일
Pattern 086	Pattern 087	Pattern 088	Pattern 089	Pattern 090
___월___일	___월___일	___월___일	___월___일	___월___일
Pattern 091	Pattern 092	Pattern 093	Pattern 094	Pattern 095
___월___일	___월___일	___월___일	___월___일	___월___일
Pattern 096	Pattern 097	Pattern 098	Pattern 099	Pattern 100
___월___일	___월___일	___월___일	___월___일	___월___일

PART 1

원어민이 매일 사용하는
기본 패턴

PART 1 원어민이 매일 사용하는 **기본 패턴**

Unit 01

I'm...

난 조금 ~해

I'm a little...

001

나의 기분이나 상태를 표현할 때 I'm a little... 패턴을 사용할 수 있습니다. a little은 '조금, 약간, 살짝'이라는 뜻입니다. 뒤에는 형용사를 쓰면 됩니다.

🔊 **Step 1** 패턴 익히기   mp3를 들으며 큰 소리로 따라 해 보세요.

난 조금 피곤해요.

I'm a little tired. ★

난 조금 배고파.

I'm a little hungry.

난 약간 취했어.

I'm a little drunk. ▸ drunk 취한

저는 조금 걱정돼요.

I'm a little worried. ▸ worried 걱정되는

난 조금 혼란스러워.

I'm a little confused. ▸ confused 혼란스러워하는, 헷갈리는

 Speaking Tip

위의 패턴에 a little 대신 so를 넣어 I'm so...라고 하면 '난 아주 ~해'란 뜻이 됩니다. 조금 피곤한 게 아니라 정말 피곤하다면 I'm so tired.라고 so를 넣어 말해 주세요.

1 난 조금 피곤해요.   🎤

2 난 조금 배고파.   🎤

3 난 약간 취했어.   🎤

4 저는 조금 걱정돼요.   🎤

5 난 조금 혼란스러워.   🎤

💬 **Step 3** 실제 대화로 감 잡기   우리말 부분을 영어로 떠올리며 대화를 익혀 보세요.

⟫⟫⟫ 모임에서 친구랑 헤어지면서

A **Can you go home by yourself?**

B 약간 취했는데 **but I'm okay.**

A **Be careful on your way home.**

A 혼자 집에 갈 수 있겠어?

B I'm a little drunk, 하지만 괜찮아.

A 조심해서 가.

▶ by oneself 스스로, 혼자   on one's way home 집에 가는 길에

나 ~할 준비됐어

I'm ready to...

I'm ready. 하면 '준비됐어.'란 뜻인데, 무언가를 할 준비가 되었다고 말할 때는 뒤에 to 부정사를 붙여서 I'm ready to... 패턴으로 사용하면 됩니다. to 뒤에는 동사원형을 씁니다.

 Step 1 패턴 익히기   mp3를 들으며 큰 소리로 따라 해 보세요.

난 **외출**할 준비 다 됐어.

I'm ready to **go out.**

전 **퇴근**할 준비 다 됐어요.

I'm ready to **leave work.** ▶ leave work 퇴근하다

나는 **잘** 준비 됐어.

I'm ready to **go to bed.**

난 **지금 너랑 얘기**할 준비가 됐어.

I'm ready to **talk to you now.** ▶ talk to ~에게 얘기하다

난 **너를 위해서라면 뭐든 할** 준비가 됐어.

I'm ready to **do anything for you.**

 Speaking Tip

'아직 ~할 준비가 되지 않았다'고 말할 때는 not을 넣어서 I'm not ready to...라고 하면 됩니다. ex) I'm not ready to meet someone new.(난 새로운 사람을 만날 준비가 안 됐어.)

24

1 난 외출할 준비 다 됐어.

2 전 퇴근할 준비 다 됐어요.

3 나는 잘 준비됐어.

4 난 지금 너랑 얘기할 준비가 됐어.

5 난 너를 위해서라면 뭐든 할 준비가 됐어.

Step 3 실제 대화로 감 잡기 우리말 부분을 영어로 떠올리며 대화를 익혀 보세요.

>>> 집안일을 도와달라고 할 때

A Can you help me wash the dishes?

B 너를 위해서라면 뭐든 할 준비가 되어 있지.

A You're so nice.

A 설거지하는 거 도와줄래?

B I'm ready to do anything for you.

A 넌 너무 착해.

▶ wash the dishes 설거지하다

회화패턴

나 ~에 관심 있어

I'm interested in...

003

I'm interested in...은 '~에 관심이 있어, ~할까 해'란 뜻으로, 자신의 관심사나 취미, 또는 의향을 말할 때 사용하기 좋은 패턴입니다. in 뒤에는 명사 또는 '동사+-ing'의 형태를 쓰면 됩니다.

 Step 1 패턴 익히기   mp3를 들으며 큰 소리로 따라 해 보세요.

나 너한테 관심 있어.

I'm interested in you.*

난 패션에 관심이 있어.

I'm interested in fashion.

난 사진 찍는 데 관심이 있어.

I'm interested in taking pictures.   ▶ take a picture 사진 찍다

나는 캐나다에 갈까 해요.

I'm interested in going to Canada.

새 차를 살까 해.

I'm interested in buying a new car.

 Speaking Tip

반대로 관심이 없다고 할 때는 not을 넣어서 I'm not interested in... 패턴을 사용하면 됩니다. I'm not interested in him. 하면 '난 걔한테 관심 없어.'란 표현이 됩니다.

1 나 너한테 관심 있어.

2 난 패션에 관심이 있어.

3 난 사진 찍는 데 관심이 있어.

4 나는 캐나다에 갈까 해요.

5 새 차를 살까 해.

Step 3 실제 대화로 감 잡기 우리말 부분을 영어로 떠올리며 대화를 익혀 보세요.

>>> 관심사에 대해 얘기할 때

A **What are you interested in these days?**

B 새 차를 살까 해.

A **Really? What kind of car would you like to buy?**

A 너는 요즘 뭐에 관심이 있어?

B I'm interested in buying a new car.

A 그래? 어떤 차를 사고 싶어?

▶ these days 요즘에

27

● 회화 패턴 ●

004

~라고 확신해

I'm sure...

확신을 가지고 말할 때 I'm sure... 패턴을 사용할 수 있습니다. '~라고 확신해, 분명히 ~야'라는 의미입니다. 이어서 확신하는 바를 '주어+동사'의 절로 말해 주면 됩니다.

🔊 **Step 1** 패턴 익히기 mp3를 들으며 큰 소리로 따라 해 보세요.

넌 할 수 있다고 확신해.

I'm sure you can do it.

네 마음에 들 거라고 확신해.

I'm sure you'll like it.

이 정도면 충분하다고 확신해요.

I'm sure this is enough. ▸ enough 충분한

넌 분명히 좋은 직장을 구할 거야.

I'm sure you'll get a good job. ▸ get a job 일자리를 구하다

그거 분명히 내가 탁자 위에 놨어.

I'm sure I left it on the table.

 Speaking Tip

반대로 무언가에 확신이 없을 때는 I'm not sure... 패턴을 씁니다. ex) I'm not sure he'll come.
(그가 올지 안 올지 잘 모르겠어.)

1 넌 할 수 있다고 확신해.

2 네 마음에 들 거라고 확신해.

3 이 정도면 충분하다고 확신해요.

4 넌 분명히 좋은 직장을 구할 거야.

5 그거 분명히 내가 탁자 위에 놨어.

Step 3 실제 대화로 감 잡기 우리말 부분을 영어로 떠올리며 대화를 익혀 보세요.

>>> 친구가 취업을 걱정할 때

A It's hard to get a job these days.

B 넌 분명히 좋은 직장을 구할 거야.

A Thank you.

A 요즘은 취직하기가 어려워.

B I'm sure you'll get a good job.

A 고마워.

▶ It's hard to ~하는 게 어렵다

난 ~가 걱정돼

I'm worried about...

005

걱정되는 바를 표현할 때 쓰는 패턴으로, be worried about은 '~에 대해 걱정하다, 우려하다'라는 뜻입니다. 걱정하는 대상을 about 뒤에 넣어서 말해 보세요.

 Step 1 패턴 익히기 mp3를 들으며 큰 소리로 따라 해 보세요.

난 **네**가 걱정돼.

I'm worried about **you.**

내 아들이 걱정돼.

I'm worried about **my son.**

당신 건강이 걱정돼요.

I'm worried about **your health.**

난 **내 미래**가 걱정돼.

I'm worried about **my future.**

난 **그 프로젝트**가 걱정돼.

I'm worried about **the project.**

 Speaking Tip

I'm worried about 뒤에 '명사'가 아니라 '동사+-ing' 형태를 넣으면 '~할까 봐 걱정돼'라는 의미가 됩니다. ex) I'm worried about making mistakes.(실수할까 봐 걱정돼.)

1 난 네가 걱정돼.

2 내 아들이 걱정돼.

3 당신 건강이 걱정돼요.

4 난 내 미래가 걱정돼.

5 난 그 프로젝트가 걱정돼.

Step 3 실제 대화로 감 잡기 우리말 부분을 영어로 떠올리며 대화를 익혀 보세요.

>>> 아들 때문에 고민하는 친구에게

A 난 내 아들이 걱정돼. **He doesn't study hard.**

B **Leave him alone. He will take care of himself.**

A **I hope so.**

A I'm worried about my son. 공부를 열심히 하지 않아.

B 내버려 둬. 알아서 잘할 거야.

A 그래야 될 텐데.

▶ leave A alone A를 내버려 두다, 혼자 두다   take care of ~을 돌보다

31

난 ~가 무서워

I'm afraid of...

be afraid of는 '~를 무서워하다, 두려워하다'라는 의미로, of 다음에 두려운 대상이나 행동을 말하면 됩니다. of는 전치사이므로 뒤에 명사나 '동사+-ing'의 형태가 옵니다.

Step 1 패턴 익히기 mp3를 들으며 큰 소리로 따라 해 보세요.

난 **그녀가** 무서워.

I'm afraid of her.

난 **벌레가** 무서워요.

I'm afraid of bugs.

시험 결과가 두려워.

I'm afraid of the test results.

치과 가기가 두려워.

I'm afraid of going to the dentist. ▶ go to the dentist 치과에 가다

나는 **아무것도 무섭지 않아요.**

I'm not afraid of anything.

 Speaking Tip

I'm afraid 뒤에 of 대신에 '(that) 주어+동사'의 절을 넣으면 '유감이지만 ~이다, 죄송하지만 ~이다'란 뜻의 표현이 됩니다. ex) I'm afraid I can't come.(유감이지만 난 못 갈 거 같아.)

1 난 그녀가 무서워.

2 난 벌레가 무서워요.

3 시험 결과가 두려워.

4 치과 가기가 두려워.

5 나는 아무것도 무섭지 않아요.

Step 3 실제 대화로 감 잡기 우리말 부분을 영어로 떠올리며 대화를 익혀 보세요.

>>> 무서워하는 게 뭔지 물어볼 때

A **What are you the most afraid of?**

B 난 벌레가 무서워.

A **I hate bugs, too!**

A 뭐가 제일 무서워?

B I'm afraid of bugs.

A 나도 벌레 싫어!

▶ be the most afraid of ~를 가장 무서워하다

~하려던 참이야

I'm about to...

I'm about to...는 막 어떤 행동을 하려던 상황을 말할 때 쓰는 패턴으로, to 뒤에는 동사원형을 씁니다. 아직 그 행동을 하지는 않은 것에 유의하세요.

 Step 1 패턴 익히기 mp3를 들으며 큰 소리로 따라 해 보세요.

가려던 참이야.

I'm about to **leave.** ▶ leave 자리를 뜨다, 떠나다

점심 먹으러 가던 참이야.

I'm about to **go to lunch.** ▶ go to lunch 점심 먹으러 가다

커피를 마시려던 참이야.

I'm about to **take a coffee break.**

당신에게 얘기하려던 참이에요.

I'm about to **tell you.**

막 그에게 전화하려던 참이야.

I'm **just** about to **call him.** ★

 Speaking Tip

위의 예문 I'm just about to call you.(막 너에게 전화하려던 참이야.)에서처럼 I'm about to에 just를 넣어 말할 수도 있습니다. just가 들어가면 '막, 방금'이라는 의미가 더욱 강조됩니다.

우리말을 보고 영어로 말하기 5초 안에 말하도록 도전해 보세요.

1 가려던 참이야. 🎤

2 점심 먹으러 가던 참이야. 🎤

3 커피를 마시려던 참이야. 🎤

4 당신에게 얘기하려던 참이에요. 🎤

5 막 그에게 전화하려던 참이야. 🎤

Step 3 실제 대화로 감 잡기 우리말 부분을 영어로 떠올리며 대화를 익혀 보세요.

>>> 점심 먹으러 가자고 제안할 때

A **What are you doing?**

B 점심 먹으러 가던 참이야. **Do you want to join me?**

A **Okay. I'll go right now.**

A 뭐 하고 있어?

B I'm about to go to lunch. 같이 갈래?

A 알았어. 지금 바로 갈게.

▶ join 합류하다, 함께하다 right now 지금 당장, 지금 바로

35

PART 1 원어민이 매일 사용하는 **기본 패턴**

Unit 02

I'm -ing…

~하는 중이야

I'm -ing...

친구나 가족이 전화했을 때 '뭐하고 있어?' 하고 묻죠? I'm -ing...는 지금 뭔가를 하고 있다고 말할 때 사용하는 패턴입니다. 지금 하고 있는 동작이나 행위를 표현할 때 흔히 쓰입니다.

 Step 1 패턴 익히기   mp3를 들으며 큰 소리로 따라 해 보세요.

TV 보는 중이야.

I'm watching TV.

음악 듣고 있어.

I'm listening to music.

커피 마시는 중이야.

I'm drinking coffee.★

지금 전화 통화 중이에요.

I'm talking on the phone now.   ▶ talk on the phone 전화 통화하다

그냥 (쉬고) 있어.

I'm just chilling.

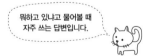

뭐하고 있냐고 물어볼 때 자주 쓰는 답변입니다.

 Speaking Tip

현재시제를 사용해서 I drink coffee.라고 하면 '난 (평소에 습관적으로) 커피를 마셔.'라는 의미로, 반복되는 일을 가리킵니다. 그래서 I don't drink coffee.(난 커피 안 마셔.)는 '난 커피 안 마시는 사람이야.'란 뜻이 되는 거죠. 진행형 시제와의 의미 차이를 잘 기억해 주세요.

1 TV 보는 중이야.

2 음악 듣고 있어.

3 커피 마시는 중이야.

4 지금 전화 통화 중이에요.

5 그냥 (쉬고) 있어.

Step 3 실제 대화로 감 잡기 우리말 부분을 영어로 떠올리며 대화를 익혀 보세요.

>>> 친구에게 전화를 걸어서

A What are you doing now?

B 그냥 쉬고 있어.

A I'm meeting Shawn later. Do you want to join us?

A 지금 뭐하고 있어?

B I'm just chilling.

A 나 있다가 숀 만나기로 했는데 나올래?

▶ later 나중에   join 합류하다, 함께하다

39

회화패턴

009

~하려고 하고 있어

I'm trying to...

I'm trying to...는 '~하려고 노력하고 있다, 애쓰고 있다, 시도하고 있다'라는 뜻으로, to 뒤에는 동사원형이 옵니다. try의 실제 발음은 [트라이]가 아니라 [츄라이]에 가깝습니다. 뽀뽀하는 것처럼 입술을 모은 다음 가볍게 힘주면서 소리 내 보세요.

Step 1 패턴 익히기 mp3를 들으며 큰 소리로 따라 해 보세요.

집중하려고 애쓰고 있어.

I'm trying to concentrate. ▸ concentrate 집중하다

저는 **이해**하려고 노력하고 있어요.

I'm trying to understand.

나는 **살을 빼**려고 노력 중이야.

I'm trying to lose weight. ▸ lose weight 살 빼다(↔ gain weight 살찌다)

난 **너를 도와주**려는 거야.

I'm trying to help you. ★

난 **담배를 끊**으려고 애쓰고 있어.

I'm trying to quit smoking.

 Speaking Tip

I'm trying to help you.(난 너를 도와주려는 거야.)는 상대방을 위해 이런저런 조언이나 행동을 하는데 상대방이 받아들이지 않거나 삐딱하게 반응할 때 약간 억울하다는 뉘앙스로도 자주 쓰입니다.

1 집중하려고 애쓰고 있어.

2 저는 이해하려고 노력하고 있어요.

3 나는 살을 빼려고 노력 중이야.

4 난 너를 도와주려는 거야.

5 난 담배를 끊으려고 애쓰고 있어.

>>> 친구의 표정이 심각해 보일 때

A **You look so serious.**

B 나 집중하려고 애쓰고 있어.

A **Don't mind me. I won't disturb you.**

A 너 너무 심각해 보여.

B I'm trying to concentrate.

A 나 신경 쓰지 마. 방해 안 할게.

▶ serious 심각한, 진지한 mind 상관하다, 개의하다 disturb 방해하다

● 회화패턴 ●

010

나 ~를 찾고 있어

I'm looking for...

뭔가를 찾는 중이라고 말할 때 I'm looking for... 패턴을 사용할 수 있습니다. look for는 '~를 찾다, 구하다'라는 의미입니다. 뒤에는 찾고 있는 사물이나 사람을 넣어서 문장을 완성해 주세요.

◀) Step 1 패턴 익히기   mp3를 들으며 큰 소리로 따라 해 보세요.

나 **핸드폰** 찾고 있어.

I'm looking for **my cellphone.** ▸ cellphone 핸드폰

전 **자동차 열쇠**를 찾고 있어요.

I'm looking for **my car key.**

주유소를 찾고 있어요.

I'm looking for **a gas station.** ▸ gas station 주유소

아내에게 줄 선물을 찾고 있습니다.

I'm looking for **a gift for my wife.**

상점에서 물건을 찾을 때 점원에게 이렇게 말하면 됩니다.

난 **새로운 일자리**를 찾고 있어.

I'm looking for **a new job.**

 Speaking Tip

우리나라 사람들이 자주 헷갈리는 표현이 look for와 find입니다. 둘 다 우리말로 '찾다'이기 때문인데, 두 표현은 엄연히 차이가 있습니다. look for는 '아직 찾고 있는데 못 찾은 상태'를 나타내고, find는 I found it.(찾았다.)처럼 '이미 찾은 결과'를 나타내니 잘 구분해서 사용하세요.

1 나 핸드폰 찾고 있어.   🎙

2 전 자동차 열쇠를 찾고 있어요.   🎙

3 주유소를 찾고 있어요.   🎙

4 아내에게 줄 선물을 찾고 있습니다.   🎙

5 난 새로운 일자리를 찾고 있어.   🎙

💬 **Step 3** 실제 대화로 감 잡기 우리말 부분을 영어로 떠올리며 대화를 익혀 보세요.

>>> 핸드폰이 안 보일 때

A **What are you doing?**

B 핸드폰 찾고 있어.

A **It's on the desk.**

B **Thank you.**

A 뭐하고 있어?

B I'm looking for my cellphone.

A 책상 위에 있던데.

B 고마워.

~가 기대돼

I'm looking forward to...

뭔가를 기대하고 있다고 말할 때 사용하는 패턴으로, look forward to는 '~를 기다리다, 고대하다'의 뜻이에요. 여기서 to는 전치사이므로 to 뒤에 명사나 '동사+-ing' 형태가 와야 합니다.

011

 Step 1 패턴 익히기   mp3를 들으며 큰 소리로 따라 해 보세요.

주말이 기다려져.

I'm looking forward to the weekend.

오늘 밤 콘서트가 기대돼.

I'm looking forward to the concert tonight.

다음 회가 기대돼.

I'm looking forward to the next episode.

당신을 다시 만나는 것이 기대돼요.

I'm looking forward to seeing you again.*

함께 일할 것이 기대됩니다.

I'm looking forward to working with you.

 Speaking Tip

I'm looking forward to...와 비슷한 표현으로 I can't wait to...가 있습니다. I can't wait to 역시 '~가 엄청 기대되다, 빨리 ~하고 싶다'라는 뜻으로, look forward to...보다 더 캐주얼한 느낌이 있습니다. ex) I can't wait to see you again.(널 빨리 다시 만나고 싶어.)

1 주말이 기다려져.

2 오늘 밤 콘서트가 기대돼.

3 다음 회가 기대돼.

4 당신을 다시 만나는 것이 기대돼요.

5 함께 일할 것이 기대됩니다.

Step 3 실제 대화로 감 잡기 우리말 부분을 영어로 떠올리며 대화를 익혀 보세요.

>>> 딸이 오늘 있을 공연에 흥분해 있을 때

A **Why are you so excited?**

B 오늘 밤 콘서트가 기대돼요.

A **I hope you enjoy it.**

A 왜 그렇게 흥분해 있어?

B I'm looking forward to the concert tonight.

A 즐거운 시간 되길 바랄게.

▶ excited 흥분한, 신난

~할 거야

I'm going to...

I'm going to...는 가까운 미래에 예정되어 있거나 계획 중인 일을 말할 때 가장 많이 쓰입니다. 회화에서는 I'm gonna로 줄여서 말하는 경우가 많습니다.

Step 1 패턴 익히기   mp3를 들으며 큰 소리로 따라 해 보세요.

쇼핑하러 갈 거야.

I'm going to go shopping.

오늘 저녁에 외식할 거야.

I'm going to eat out tonight.   ▶ eat out 외식하다

당분간 여기서 머무를 거예요.

I'm gonna stay here for a while.

회의에 참석할 겁니다.

I'm gonna attend the meeting.   ▶ attend 참석하다, 출석하다

잭 만나서 놀 거야.

I'm gonna hang out with Jack.   ▶ hang out with ~와 시간을 보내다

 Speaking Tip

I'm going to와 비슷한 표현으로 I will이 있습니다. I will은 '앞으로 ~하겠다'는 의지나 결심을 나타내거나, '~할 것이다'라고 계획 없이 단순하게 미래에 있을 일을 예상할 때 사용하는 표현입니다.

1 쇼핑하러 갈 거야.

2 오늘 저녁에 외식할 거야.

3 당분간 여기서 머무를 거예요.

4 회의에 참석할 겁니다.

5 잭 만나서 놀 거야.

Step 3 실제 대화로 감 잡기 우리말 부분을 영어로 떠올리며 대화를 익혀 보세요.

>>> 오늘 뭐할 건지 물을 때

A **What are you doing today?**

B 쇼핑하러 갈 거야. **Do you want to go?**

A **Okay. I'll see you in a few minutes then.**

A 오늘 뭐 해?

B I'm going to go shopping, 너도 갈래?

A 좋아. 그럼 조금 있다 보자.

▶ in a few minutes 잠시 후에, 조금 있다가

～할 계획이야

I'm planning to...

뭔가를 할 계획이라고 할 때는 I'm planning to... 패턴을 사용할 수 있습니다. 강한
의지를 보여 주기보다는, 예정하고 있는 계획을 전달할 때 유용하게 사용할 수 있는 표현
입니다.

 Step 1 패턴 익히기 mp3를 들으며 큰 소리로 따라 해 보세요.

난 **새 노트북을 살** 계획이야.

I'm planning to **buy a new laptop.**

난 **요리 수업을 들을** 계획이야.

I'm planning to **take a cooking class.**

전 **다음 달에 이사**할 계획이에요.

I'm planning to **move next month.**

전 **곧 결혼**할 계획이에요.

I'm planning to **get married soon.** ▶ get married 결혼하다

난 **유학을 갈** 계획이야.

I'm planning to **go abroad to study.** ▶ go abroad 해외에 가다

 Speaking Tip

I'm planning to... 대신 I plan to...를 써도 의미상 큰 차이는 없습니다. I'm planning to처럼 현
재진행형으로 표현하면 '～하려고 계획하고 있어'라는 진행 중인 뉘앙스가 전달됩니다.

1 난 새 노트북을 살 계획이야.

2 난 요리 수업을 들을 계획이야.

3 전 다음 달에 이사할 계획이에요.

4 전 곧 결혼할 계획이에요.

5 난 유학을 갈 계획이야.

Step 3 실제 대화로 감 잡기 우리말 부분을 영어로 떠올리며 대화를 익혀 보세요.

>>> 이사 계획에 대해 이야기할 때

A When are you moving out?

B 난 다음 달에 이사할 계획이야.

A Let me know if you need any help.

A 너 언제 이사 갈 거야?

B I'm planning to move next month.

A 도움이 필요하면 말해.

▶ move out 이사 나가다 let A know A에게 알려 주다

PART 1 원어민이 매일 사용하는 **기본 패턴**

Unit 03

Are you...?

회화 패턴

014

너 ~할 거야?

Are you going to…?

무엇을 할 것인지 예정이나 계획을 물을 때 Are you going to…? 패턴을 사용할 수 있습니다. 회화에서는 Are you gonna…?로 줄여 말하는 경우가 많습니다.

Step 1 **패턴 익히기** mp3를 들으며 큰 소리로 따라 해 보세요.

그녀에게 말할 거야?

Are you going to **tell her?**

골프 칠 거예요?

Are you going to **play golf?**

그 셔츠 살 거야?

Are you gonna **buy that shirt?**

그녀한테 데이트 신청할 거니?

Are you gonna **ask her out?** ▸ ask out 데이트 신청하다

그와 헤어질 거니?

Are you gonna **break up with him?** ▸ break up with ~와 헤어지다

 Speaking Tip

Are you going to…? 패턴에 대답할 때는 간단하게 두 가지만 기억하면 됩니다. 한다고 할 때는 Yes, I am., 하지 않는다고 할 때는 No, I'm not.이라고 합니다.

1 그녀에게 말할 거야?

2 골프 칠 거예요?

3 그 셔츠 살 거야?

4 그녀한테 데이트 신청할 거니?

5 그와 헤어질 거니?

Step 3 실제 대화로 감 잡기 우리말 부분을 영어로 떠올리며 대화를 익혀 보세요.

>>> 쇼핑하다가 마음에 드는 물건을 발견했을 때

A   너 그 셔츠 살 거야?

B   **I want to, but it's too expensive.**

A   괜찮아. 나에게 할인 쿠폰이 있거든.

A   Are you gonna buy that shirt?

B   그러고 싶은데 너무 비싸네.

A   That's okay. I have a discount coupon.

▸ discount coupon 할인 쿠폰

53

너 ~하려는 거야?

Are you trying to…?

Are you trying to…?는 말 그대로의 의미로 보면 '~하려고 노력하고 있는 거야?'이지만, '~하려고 하는 거야?'라고 상대방의 의도를 물을 때 사용됩니다.

 Step 1 패턴 익히기 mp3를 들으며 큰 소리로 따라 해 보세요.

집을 팔려는 거예요?

Are you trying to sell your house?

살을 빼려는 거예요?

Are you trying to lose weight?

날 무시하려는 거야?

Are you trying to ignore me? ▸ ignore 무시하다

날 방해하려는 거야?

Are you trying to distract me? ▸ distract 산만하게 하다, 주의를 흩뜨리다

나를 설득하려는 거야?

Are you trying to persuade me? ▸ persuade 설득하다

 Speaking Tip

앞에 의문사 what을 붙여서 What are you trying to say?라고 하면 '(도대체) 무슨 말을 하려는 거죠?, 하고 싶은 말이 뭐예요?'라는 의미로 상대방이 한 말의 의도를 묻는 표현이 됩니다.

1 집을 팔려는 거예요? 🎤

2 살을 빼려는 거예요? 🎤

3 날 무시하려는 거야? 🎤

4 날 방해하려는 거야? 🎤

5 나를 설득하려는 거야? 🎤

💬 **Step 3** 실제 대화로 감 잡기   우리말 부분을 영어로 떠올리며 대화를 익혀 보세요.

››› 아침 운동에 대해 이야기할 때

A **I go jogging every morning.**

B 살을 빼려는 거예요?

A **I want to make myself healthier.**

A 전 매일 아침 조깅을 해요.

B Are you trying to lose weight?

A 더 건강해지고 싶어서요.

▶ go jogging 조깅하다

~할 준비됐어?

Are you ready to...?

어떤 행동을 할 준비가 되었는지 물어볼 때 사용하는 패턴으로, 뒤에는 'to+동사원형'이나 'for+명사', 'for+동사+-ing'의 형태가 옵니다.

 Step 1 패턴 익히기   mp3를 들으며 큰 소리로 따라 해 보세요.

갈 준비됐어?

Are you ready to **go?**

주문하시겠어요?

Are you ready to **order?**★

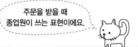
주문을 받을 때 종업원이 쓰는 표현이에요.

시험 준비 다 됐어?

Are you ready for **the exam?**

발표 준비 다 됐어요?

Are you ready for **the presentation?**

오늘 오후 회의 준비됐어요?

Are you ready for **this afternoon's meeting?**

 Speaking Tip

종업원이 Are you ready to order? 하고 물으면 대답도 할 수 있어야겠죠? 'Yes, I'll have + 음식 이름' 형식으로 주문하면 됩니다. ex) Yes, I'll have the T-bone steak, please.(네, 티본 스테이크 주세요.)

1 갈 준비됐어? 🎤

2 주문하시겠어요? 🎤

3 시험 준비 다 됐어? 🎤

4 발표 준비 다 됐어요? 🎤

5 오늘 오후 회의 준비됐어요? 🎤

💬 **Step 3** 실제 대화로 감 잡기 우리말 부분을 영어로 떠올리며 대화를 익혀 보세요.

››› 외출을 하려고 할 때

A 갈 준비됐어?

B I'm almost ready. Give me one second.

A Take your time. We have lots of time.

A Are you ready to go?

B 거의 됐어. 잠깐만 기다려 봐.

A 천천히 해. 우리 시간 많아.

▶ one second 잠깐만

너 ~에 관심 있어?

Are you interested in...?

상대방의 관심이나 취향을 물어볼 때 Are you interested in...? 패턴을 사용할 수 있습니다. 관심사를 물으면서 자연스럽게 제안이나 권유를 하기도 합니다.

 Step 1 패턴 익히기 　mp3를 들으며 큰 소리로 따라 해 보세요.

너 **제니**에게 관심 있니?

Are you interested in Jenny?

K팝에 관심이 있나요?

Are you interested in K-pop?

요리에 관심이 있나요?

Are you interested in cooking?

영어를 배우는 것에 관심 있나요?

Are you interested in learning English?

너도 **우리랑 같이 갈래**?

Are you interested in going with us?

 Speaking Tip

Are you interested in...?의 발음을 어려워하는 경우가 많습니다. interested의 in- 부분에 강세를 강하게 주면서 뒤의 전치사 in까지 한 번에 연결해서 발음할 수 있도록 연습합니다.

1 너 제니에게 관심 있니? 🎙

2 K팝에 관심이 있나요? 🎙

3 요리에 관심이 있나요? 🎙

4 영어를 배우는 것에 관심 있나요? 🎙

5 너도 우리랑 같이 갈래? 🎙

💬 **Step 3** 실제 대화로 감 잡기 우리말 부분을 영어로 떠올리며 대화를 익혀 보세요.

>>> 같이 여행 가자고 할 때

A **We're going on a trip to Jeju Island next month.**

B **That sounds like fun!**

A 너도 우리랑 같이 갈래?

A 우리는 다음 달에 제주도로 여행을 갈 거야.

B 그거 재미있을 것 같은데!

A Are you interested in going with us?

▶ sound like ~처럼 들리다, 들어 보니 ~ 같다

회화패턴

018

~인 게 확실해?

Are you sure (that)...?

어떤 일이 확실한 건지 상대방에게 확인할 때 'Are you sure (that) 주어+동사?' 패턴을 사용할 수 있습니다. '~인 게 확실해?, 정말 ~야?'라는 의미로, that은 넣어도 되고 생략해도 됩니다.

 Step 1 패턴 익히기 mp3를 들으며 큰 소리로 따라 해 보세요.

그가 그렇게 말한 게 확실해?

Are you sure he said that?

제임스가 오는 게 확실해?

Are you sure James will come?

정말 그거 하고 싶어?

Are you sure you want to do that?

정말 할 수 있겠어?

Are you sure you can do it?

정말 알고 싶어?

Are you sure that you want to know?

 Speaking Tip

뒤에 다른 말을 붙이지 않고 Are you sure?(확실해요?)라고도 자주 씁니다. 믿기 힘든 소식이나 정보를 들었다면 눈을 동그랗게 뜨며 Are you sure?라고 하면 됩니다.

1 그가 그렇게 말한 게 확실해?

2 제임스가 오는 게 확실해?

3 정말 그거 하고 싶어?

4 정말 할 수 있겠어?

5 정말 알고 싶어?

💬 **Step 3** 실제 대화로 감 잡기 우리말 부분을 영어로 떠올리며 대화를 익혀 보세요.

≫≫ 친구가 한 말을 확인할 때

A **Mike said you talked about me behind my back.**

B 그가 그렇게 말한 게 확실해?

A **That's exactly what he said.**

A 마이크가 그러는데 네가 내 험담을 한다더라.

B Are you sure he said that?

A 분명히 그렇게 말했어.

▶ talk about A behind A's back A의 뒤에서 험담하다

PART 1 원어민이 매일 사용하는 **기본 패턴**

Unit 04

It's...

그냥 ~일 뿐이야

It's just...

크게 중요하지 않은 일을 말할 때는 It's just... 패턴을 사용할 수 있습니다. just는 '그 저, 단지'의 뜻입니다. 대수롭지 않게 뭔가를 했다고 말할 때 유용한 표현입니다.

Step 1 패턴 익히기 mp3를 들으며 큰 소리로 따라 해 보세요.

그냥 **농담**일 뿐이야.

It's just a joke.

단지 **실수**일 뿐이에요.

It's just a mistake.

그냥 **헛소문**일 뿐이야.

It's just a rumor.★ ▶ rumor 소문, 풍문

그저 **핑계**일 뿐이에요.

It's just an excuse. ▶ excuse 변명, 핑계

그냥 **감기**야.

It's just a cold.

 Speaking Tip

반대로 이건 사소한 일이 아니라고 할 때는 not을 넣어서 It's not just...라고 할 수 있습니다. 예를 들어, It's not just a rumor.라고 하면 '이건 그냥 헛소문이 아니야.'라고 진지하게 말하는 것입니다.

1 그냥 농담일 뿐이야.

2 단지 실수일 뿐이에요.

3 그냥 헛소문일 뿐이야.

4 그저 핑계일 뿐이에요.

5 그냥 감기야.

>>> 부하 직원이 아파 보일 때

A **Are you feeling okay?**

B 그냥 감기일 뿐이에요. **Thanks for your concern.**

A **Just go home and get some rest.**

A 괜찮아요?

B It's just a cold. 걱정해 줘서 고마워요.

A 집에 가서 좀 쉬어요.

▶ concern 근심, 우려   get some rest 쉬다

이제 ~할 시간이야

It's time to...

뭔가를 할 때라고 알려 줄 때 It's time to... 패턴을 사용할 수 있습니다. 무언가를 할 필요가 있다고 상기시키거나 상대방에게 함께하자고 제안할 때 유용한 표현입니다.

 Step 1 패턴 익히기 mp3를 들으며 큰 소리로 따라 해 보세요.

이제 **헤어질** 시간이야.

It's time to **say goodbye.** ▶ say goodbye 작별 인사하다

집에 갈 시간이야.

It's time to **go home.**

청소할 시간이에요.

It's time to **clean up.**★ ▶ clean up 청소하다, 치우다

이제는 **잘** 시간이야.

It's time to **go to bed.**

이제 **결정을 내릴** 때입니다.

It's time to **make a decision.** ▶ make a decision 결심하다, 결정하다

 Speaking Tip

누가 할 일인지 구체적으로 알려 주려면 to 앞에 'for + 사람'을 넣어 주면 됩니다. '그녀가 청소할 시간이야.'는 It's time for her to clean up.이라고 하면 됩니다.

1 이제 헤어질 시간이야. 🎤

2 집에 갈 시간이야. 🎤

3 청소할 시간이에요. 🎤

4 이제는 잘 시간이야. 🎤

5 이제 결정을 내릴 때입니다. 🎤

💬 **Step 3** 실제 대화로 감 잡기 우리말 부분을 영어로 떠올리며 대화를 익혀 보세요.

>>> 빨리 끝내라고 재촉할 때

A   이제 집에 갈 시간이야.

B   Can we stay for 10 more minutes?

A   Okay. But we have to leave in ten minutes.

A   It's time to go home.

B   10분만 더 있어도 돼요?

A   좋아. 하지만 10분 후에 가야 해.

▶ stay 머무르다 10 more minutes 10분 더

~하기 어려워

It's hard to...

It's hard to...는 무언가를 하기 어렵다고 말할 때 사용하는 패턴으로, to 뒤에는 동사원형이 옵니다.

 Step 1 패턴 익히기 mp3를 들으며 큰 소리로 따라 해 보세요.

믿기 어려워.

It's hard to believe.

설명하기 어려워.

It's hard to explain.

결정하기 어려워.

It's hard to decide.

주차 공간을 찾기가 힘드네요.

It's hard to find a parking space. ▶ parking space 주차 공간

요즘은 취직하기가 어려워요.

It's hard to get a job these days. ▶ these days 요즘

 Speaking Tip

좀 더 강조해서 말할 때는 hard 앞에 so, too, very 등의 강조 표현들을 넣어 주면 됩니다. ex) It's so hard to catch a taxi around midnight.(자정 무렵에는 택시를 잡기가 너무 힘들어.)

1 믿기 어려워.

2 설명하기 어려워.

3 결정하기 어려워.

4 주차 공간을 찾기가 힘드네요.

5 요즘은 취직하기가 어려워요.

Step 3 실제 대화로 감 잡기 우리말 부분을 영어로 떠올리며 대화를 익혀 보세요.

>>> 믿기 어려운 얘기를 들었을 때

A **Are you sure that's what he said?** 믿기 어려워.

B **I know how you feel, but he really said that!**

A **Why did he say that?**

A 그가 그렇게 말한 게 확실해? It's hard to believe.

B 네 기분 알지만, 그가 정말 그렇게 말했어!

A 왜 그런 말을 했을까?

~할 가치가 있어

It's worth...

It's worth...는 '~할 만한 가치가 있다, ~할 만하다'라는 뜻으로, 가치가 있으니 한 번 해 보라고 상대방에게 권할 때 유용한 표현입니다. worth 뒤에는 명사나 '동사+-ing' 형태가 와야 합니다.

 Step 1 **패턴 익히기** mp3를 들으며 큰 소리로 따라 해 보세요.

시도해 볼 만한 가치가 있어.

It's worth a try.★

한번 가 볼 만해요.

It's worth a visit.

기다릴 만한 가치가 있어.

It's worth the wait.

배울 가치가 있어.

It's worth learning.

한 번 이상 볼 만한 가치가 있어.

It's worth watching more than once.

 Speaking Tip

'시도할 만한 가치가 있다.'는 It's worth a try.라고 해도 되고, It's worth a shot.이란 표현도 많이 씁니다. 두 표현 모두 회화에서 정말 많이 쓰니 함께 기억해 두세요.

1 시도해 볼 만한 가치가 있어. 🎤

2 한번 가 볼 만해요. 🎤

3 기다릴 만한 가치가 있어. 🎤

4 배울 가치가 있어. 🎤

5 한 번 이상 볼 만한 가치가 있어. 🎤

💬 **Step 3** 실제 대화로 감 잡기 우리말 부분을 영어로 떠올리며 대화를 익혀 보세요.

≫≫ 재미있게 본 영화에 대해 말할 때

A The movie you recommended was so fun.

B Do you mean *La La Land*? I saw that movie five times.

A **Yes.** 한 번 이상 볼 만한 가치가 있지.

A 네가 추천해 준 영화 정말 재미있더라.

B 〈라라랜드〉 말이야? 나는 다섯 번 봤어.

A 그래. It's worth watching more than once.

▶ recommend 추천하다

~해도 소용없어

It's no use...

어떤 행동이 아무 소용없다고 말할 때 It's no use... 패턴을 사용할 수 있습니다. use 다음에는 동명사를 써요. 상황을 되돌리기엔 이미 늦었으니 힘 빼지 말라고 설득할 때 유용한 표현입니다.

 Step 1 **패턴 익히기** mp3를 들으며 큰 소리로 따라 해 보세요.

불평해도 소용없어.

It's no use **complaining.** ▶ complain 불평하다

싸워 봤자 소용없어.

It's no use **fighting.**

저한테 물어봤자 소용없어요.

It's no use **asking me.**

이미 엎질러진 물이야.

It's no use **crying over spilled milk.**★

> 직역하면 '엎질러진 우유를 보고 울어 봤자 소용없다'는 말이에요.

당신이 한 일을 **후회**해도 소용없습니다.

It's no use **regretting what you did.** ▶ regret 후회하다

 Speaking Tip

위에 나온 It's no use crying over spilled milk.는 속담이죠. 이 문장을 직역하면 굉장히 어색한 표현이 될 수 있습니다. 이렇게 특정 상황에 걸맞은 표현이나 속담들을 외워 주세요.

1 불평해도 소용없어.

2 싸워 봤자 소용없어.

3 저한테 물어봤자 소용없어요.

4 이미 엎질러진 물이야.

5 당신이 한 일을 후회해도 소용없습니다.

Step 3 실제 대화로 감 잡기 우리말 부분을 영어로 떠올리며 대화를 익혀 보세요.

>>> 후회하는 친구와 이야기할 때

A I regret that I didn't take his advice.

B 이미 엎질러진 물이야.

A Right. I learned a good lesson.

A 그의 충고를 듣지 않은 것이 후회돼.

B It's no use crying over spilled milk.

A 맞아. 좋은 교훈을 얻었어.

▶ take one's advice ~의 충고를 받아들이다 lesson 가르침, 교훈

회화 패턴

~하는 건 당연해

It's no wonder…

024

wonder는 '놀라움, 경이'라는 의미이므로, It's no wonder라고 하면 '놀랄 일이 아니다.' 즉 '당연하다'는 뜻이 됩니다. 뒤에 '주어+동사'의 절을 넣어 말하면 됩니다.

 Step 1 패턴 익히기   mp3를 들으며 큰 소리로 따라 해 보세요.

네가 피곤한 건 당연해.

It's no wonder you're tired.

네가 아픈 건 놀랄 일도 아니야.

It's no wonder you are sick.

당신이 잠을 못 자는 것도 당연하네요.

It's no wonder you can't sleep.

네가 화날 만해.

It's no wonder you're angry.★

모두가 제임스를 사랑하는 건 당연해.

It's no wonder everyone loves James.

 Speaking Tip

회화에서는 앞에 It's를 생략하고 No wonder…만 말하기도 합니다. No wonder you're angry.(네가 화날 만해.)처럼요. 이때 No에 강세를 주면서 말하면 더 자연스럽게 들립니다.

74

1 네가 피곤한 건 당연해.

2 네가 아픈 건 놀랄 일도 아니야.

3 당신이 잠을 못 자는 것도 당연하네요.

4 네가 화날 만해.

5 모두가 제임스를 사랑하는 건 당연해.

💬 Step 3 실제 대화로 감 잡기 우리말 부분을 영어로 떠올리며 대화를 익혀 보세요.

≫≫ 친구가 잠을 못 자서 힘들어할 때

A I'm so tired because I couldn't sleep.

B 네가 잠을 못 자는 것도 당연해. **You drank too much coffee yesterday.**

A I should cut down on coffee.

A 잠을 못 자서 너무 피곤해.

B It's no wonder you can't sleep.
어제 커피를 너무 많이 마셨어.

A 커피를 줄여야겠어.

▶ cut down on ~을 줄이다

PART 1   원어민이 매일 사용하는 **기본 패턴**

Unit 05

There's & That's

~가 있어

There's...

뭔가가 있다고 할 때 There's... 패턴을 사용할 수 있습니다. There's...는 There is...의 줄임말입니다. 이때 there를 '거기에'라고 해석하지 않도록 주의하세요.

 Step 1 패턴 익히기   mp3를 들으며 큰 소리로 따라 해 보세요.

건너편에 주유소가 있어요.

There's a gas station across the street. ▸ gas station 주유소

저쪽에 공중 화장실이 있어.

There's a public restroom over there.

냉장고에 주스가 좀 있어요.

There's some juice in the fridge. ▸ fridge 냉장고

오후에 비행편이 있어요.

There's a flight in the afternoon. ▸ flight 비행, 항공편

내 차에 문제가 있어요.

There's a problem with my car.

 Speaking Tip

물어볼 때는 주어와 동사 순서를 바꿔서 Is there...?(~이 있나요?)라고 말하면 됩니다. ex) Is there a gas station nearby?(근처에 주유소가 있나요?)

1 건너편에 주유소가 있어요.

2 저쪽에 공중 화장실이 있어.

3 냉장고에 주스가 좀 있어요.

4 오후에 비행편이 있어요.

5 내 차에 문제가 있어.

Step 3 실제 대화로 감 잡기 우리말 부분을 영어로 떠올리며 대화를 익혀 보세요.

>>> 친구가 마실 것을 달라고 할 때

A **Give me something to drink.**

B 냉장고에 주스가 좀 있을 거야.

A **Thank you.**

A 마실 것 좀 줘.

B I think there's some juice in the fridge.

A 고마워.

▶ something to drink 마실 것

79

~할 게 아무것도 없어

There's nothing…

There's nothing…은 '~할 게 아무것도 없다'란 뜻으로, nothing 뒤에 to부정사나 형용사, 혹은 '주어+동사'의 절의 형태가 다양하게 나올 수 있습니다.

 **Step 1** 패턴 익히기   mp3를 들으며 큰 소리로 따라 해 보세요.

걱정할 거 하나도 없어.

There's nothing **to worry about.**★   ▶ worry about ~을 걱정하다

설명할 게 아무것도 없어.

There's nothing **to explain.**

잃을 게 아무것도 없어.

There's nothing **to lose.**   ▶ lose 잃다

남은 것은 아무것도 없어.

There's nothing **left.**

내가 할 수 있는 게 아무것도 없어.

There's nothing **I can do.**

 Speaking Tip

There's nothing to worry about.은 뭔가를 걱정하고 있는 사람에게 '걱정할 거 없어.'라고 위로할 때 흔히 쓰이는 표현입니다. about을 빼먹지 않도록 주의하세요.

1 걱정할 거 하나도 없어. 🎤

2 설명할 게 아무것도 없어. 🎤

3 잃을 게 아무것도 없어. 🎤

4 남은 것은 아무것도 없어. 🎤

5 내가 할 수 있는 게 아무것도 없어. 🎤

💬 **Step 3** 실제 대화로 감 잡기 우리말 부분을 영어로 떠올리며 대화를 익혀 보세요.

>>> 친구가 걱정스럽게 한숨을 쉬고 있을 때

A **Why are you sighing?**

B **I'm worried about my future.**

A 걱정할 거 하나도 없어.

A 왜 한숨을 쉬어?

B 내 미래가 걱정돼.

A There's nothing to worry about.

▶ sigh 한숨 쉬다

~할 필요 없어

There's no need to...

뭔가를 할 필요가 없다고 할 때 There's no need to... 패턴을 사용할 수 있습니다.
to 뒤에는 동사원형이 나와야 한다는 것도 함께 기억해 주세요.

 Step 1 패턴 익히기   mp3를 들으며 큰 소리로 따라 해 보세요.

걱정할 필요 없어.

There's no need to **worry.**

겁먹을 필요 없어요.

There's no need to **be scared.**

서두를 필요 없어.

There's no need to **hurry.**★

대답할 필요 없어요.

There's no need to **respond.**   ▶ respond 응답하다, 반응하다

그에게 다시 전화할 필요 없어요.

There's no need to **call him back.**   ▶ call back 다시 전화하다

 Speaking Tip

실제 회화에서는 There's를 생략하고 No need to...라고도 많이 얘기합니다. No need to hurry.
처럼요. No에 강세를 주면서 말하면 더 자연스럽게 표현됩니다.

1 걱정할 필요 없어.

2 겁먹을 필요 없어요.

3 서두를 필요 없어.

4 대답할 필요 없어요.

5 그에게 다시 전화할 필요 없어요.

Step 3 실제 대화로 감 잡기   우리말 부분을 영어로 떠올리며 대화를 익혀 보세요.

>>> 룸메이트가 지각할까 봐 걱정될 때

A You're going to be late for school.

B 서두를 필요 없어. I've got a lot of time.

A You haven't even taken a shower yet. Get ready quickly!

A 너 학교 지각하겠어.

B There's no need to hurry. 시간 많아.

A 너 아직 샤워도 안 했잖아. 빨리 준비해!

▶ be late for ~에 늦다, 지각하다

그게 바로 ~야

That's what...

028

앞서 언급한 내용을 짚어서 말할 때 That's what... 패턴을 사용할 수 있습니다. what 다음에 '주어+동사'를 써요. 상대방의 얘기에 맞장구칠 때 유용한 표현입니다.

Step 1 패턴 익히기　mp3를 들으며 큰 소리로 따라 해 보세요.

내 말이 그 말이야.

That's what I'm saying. ★

내 말이 바로 그거야.

That's what I mean. ★ ▸ mean 뜻하다. 의미하다

그게 바로 **내가 좋아하는** 거예요.

That's what I like.

그게 바로 **내가 알고 싶은** 거야.

That's what I want to know.

그게 바로 **제가 찾는** 거예요.

That's what I'm looking for.

 Speaking Tip

That's what I'm saying.과 That's what I mean. 모두 상대방의 말에 전적으로 동의하고 공감할 때 쓰는 맞장구 표현으로, 의미의 차이는 거의 없으므로 편한 말로 익혀서 사용하시면 됩니다. 비슷한 표현으로 That's what I'm talking about.도 흔히 쓰이니 참고해 주세요.

1 내 말이 그 말이야.

2 내 말이 바로 그거야.

3 그게 바로 내가 좋아하는 거예요.

4 그게 바로 내가 알고 싶은 거야.

5 그게 바로 제가 찾는 거예요.

Step 3 실제 대화로 감 잡기 우리말 부분을 영어로 떠올리며 대화를 익혀 보세요.

>>> 친구가 먹을 것을 찾을 때

A I'm a little hungry. Is there anything to eat?

B Do you want some cheesecake?

A 그게 바로 내가 좋아하는 거야. You read my mind!

A 좀 출출하네. 뭐 먹을 것 없어?

B 치즈케이크 좀 먹을래?

A That's what I like. 내 마음을 읽었구나!

▶ read one's mind ~의 마음을 읽다

85

그래서 ~한 거야

That's why...

That's why...는 앞서 언급한 내용이 어떤 행동의 이유라고 말할 때 사용합니다. 직역하면 '그게 바로 ~한 이유야'인데, '그래서 ~한 거야'라고 결과적으로 해석하면 자연스럽습니다.

 Step 1 패턴 익히기   mp3를 들으며 큰 소리로 따라 해 보세요.

그래서 내가 늦은 거야.

That's why I'm late.★

그래서 내가 버스를 놓친 거야.

That's why I missed the bus. ▶ miss 놓치다. 지나치다

그게 바로 내가 이곳을 좋아하는 이유예요.

That's why I love this place.

그래서 네가 피곤해 보이는구나.

That's why you look tired.

그게 바로 내가 그녀와 헤어진 이유야.

That's why I broke up with her. ▶ break up with ~와 헤어지다

 Speaking Tip

오늘 배운 표현에 부정의 not을 붙여서 That's not why...라고 하면 '그래서 ~한 게 아니야, 그것 때문에 ~한 게 아니야'라는 문장이 됩니다. 약간 억울하다는 느낌을 표현할 수 있습니다. ex) That's not why I'm late.(그것 때문에 늦은 게 아니야.)

1 그래서 내가 늦은 거야.

2 그래서 내가 버스를 놓친 거야.

3 그게 바로 내가 이곳을 좋아하는 이유예요.

4 그래서 네가 피곤해 보이는구나.

5 그게 바로 내가 그녀와 헤어진 이유야.

💬 **Step 3** 실제 대화로 감 잡기 우리말 부분을 영어로 떠올리며 대화를 익혀 보세요.

≫≫ 피곤해 보이는 친구에게 이유를 물어볼 때

A **I stayed up all night drinking.**

B 그래서 네가 피곤해 보이는구나.

A **I need to take care of myself.**

A 나 밤새도록 술을 마셨어.

B That's why you look tired.

A 건강 관리 좀 해야겠어.

▶ stay up all night 밤을 새우다   take care of ~을 돌보다

그건 ~ 때문이야

That's because...

That's because...는 사건의 원인이나 이유를 강조할 때 사용합니다. '결과 + That's because + 원인'의 순서로 말을 하면 됩니다.

Step 1 패턴 익히기   mp3를 들으며 큰 소리로 따라 해 보세요.

그건 내가 너를 좋아하기 때문이야.

That's because I like you.

그건 네가 젊기 때문이야.

That's because you are young.

그건 네가 아직 익숙하지 않아서 그래.

That's because you're not used to it.   ▶ be used to ~에 익숙하다

그건 네가 공부를 열심히 하지 않았기 때문이야.

That's because you didn't study hard.

그건 네가 걔를 잘 몰라서 그래.

That's because you don't know him very well.

 Speaking Tip

That's because...와 That's why...는 헷갈리기 쉬운 표현입니다. 원인이나 이유를 강조할 때는 That's because...(그건 ~ 때문이야)를 사용하고, 결과를 강조할 때는 That's why...(그래서 ~한 거야)를 쓴다는 것을 구분해서 기억하세요.

1 그건 내가 너를 좋아하기 때문이야.

2 그건 네가 젊기 때문이야.

3 그건 네가 아직 익숙하지 않아서 그래.

4 그건 네가 공부를 열심히 하지 않았기 때문이야.

5 그건 네가 걔를 잘 몰라서 그래.

Step 3 실제 대화로 감 잡기 우리말 부분을 영어로 떠올리며 대화를 익혀 보세요.

>>> 친구와 사진 보정 앱에 대해 이야기할 때

A **This photo app is very useful.**

B **Really? It's too complicated for me to use.**

A 그건 네가 아직 익숙하지 않아서 그래. **It gets better as you use it.**

A 이 사진 앱 아주 유용하다.

B 그래? 난 복잡해서 쓰기 힘들던데.

A That's because you're not used to it yet.
　 쓰다 보면 괜찮아져.

▶ complicated 복잡한 get better 좋아지다

89

PART 2

회화에 꼭 나오는

핵심동사 패턴

PART 2   회화에 꼭 나오는 **핵심동사 패턴**

Unit 06

----

want & like

·회화패턴·

031

~하고 싶어

I want to...

I want to...는 하고 싶은 일을 말할 때 사용하는 패턴으로, 회화에서는 want to를 wanna로 발음하는 경우가 많으니 I wanna...로도 함께 기억해 두세요.

Step 1 패턴 익히기   mp3를 들으며 큰 소리로 따라 해 보세요.

이유를 알고 싶어요.

I want to know why.

잠깐 쉬고 싶어.

I want to take a break.   ▶ take a break 쉬다, 휴식을 취하다

영화감독이 되고 싶어요.

I want to be a film director.   ▶ film director 영화감독

나 집에 가고 싶어.

I wanna go home.

그와 얘기하고 싶어.

I wanna talk to him.

 Speaking Tip

흔히 동경하는 인물이나 본받고 싶은 사람을 가리킬 때 '워너비'라는 말을 쓰죠? 워너비는 영어 wannabe를 한글로 쓴 것인데, 이는 want to be를 연음해서 표기한 것이랍니다.

1 이유를 알고 싶어요.

2 잠깐 쉬고 싶어.

3 영화감독이 되고 싶어요.

4 나 집에 가고 싶어.

5 그와 얘기하고 싶어.

💬 **Step 3** 실제 대화로 감 잡기 우리말 부분을 영어로 떠올리며 대화를 익혀 보세요.

>>> 집에 빨리 가고 싶을 때

A 나 집에 가고 싶어.

B Seriously? It's only 10 o'clock.

A My son is waiting for me at home.

A I want to go home.

B 진짜로? 이제 겨우 10시인데.

A 아들이 집에서 기다리고 있거든.

▶ seriously 진심으로, 진지하게

회화패턴

~하고 싶지 않아

I don't want to...

I want to... 패턴에 부정의 의미를 가진 don't을 넣으면 '~하고 싶지 않아'라는 의미가 됩니다. 회화에서는 흔히 I don't wanna...로 사용됩니다.

 Step 1 패턴 익히기　mp3를 들으며 큰 소리로 따라 해 보세요.

알고 싶지 않아.

I don't want to **know.**★

떠나고 싶지 않아.

I don't want to **leave.**

너랑 말다툼하고 싶지 않아.

I don't wanna **argue with you.** ▸ argue 다투다, 언쟁하다

네 기분을 상하게 하고 싶지 않아.

I don't wanna **hurt your feelings.**

> hurt one's feelings는 '~의 기분을 상하게 하다' 란 뜻입니다.

시간을 낭비하고 싶지 않아요.

I don't wanna **waste my time.** ▸ waste 낭비하다

 Speaking Tip

I don't want to know.의 주어를 you로 바꾸어서 You don't want to know.라고 하면 '알고 싶지 않을걸, 모르는 게 좋을 거야'라는 의미가 됩니다. 상대방이 듣고 놀랄 만한 일을 얘기할 때 씁니다.

96

1 알고 싶지 않아. 🎤

2 떠나고 싶지 않아. 🎤

3 너랑 말다툼하고 싶지 않아. 🎤

4 네 기분을 상하게 하고 싶지 않아. 🎤

5 시간을 낭비하고 싶지 않아요. 🎤

💬 **Step 3** 실제 대화로 감 잡기 우리말 부분을 영어로 떠올리며 대화를 익혀 보세요.

>>> 파리 여행을 할 때

A **Today is our last day in Paris.**

B **This is the best place I've ever been.**

A **You're right!** 떠나고 싶지 않아.

A 오늘이 우리가 파리에서 보내는 마지막 날이네.

B 여기가 내가 와 본 곳 중 최고야.

A 맞아! I don't want to leave.

▶ last 마지막의 have been to ~에 갔다, 다녀왔다

97

단지 ~하고 싶었을 뿐이야

I just wanted to...

I just wanted to...는 '단지 ~하고 싶었어, ~하고 싶었을 뿐이야'라고 자신의 의도를 설명할 때 사용합니다. 상대가 나를 오해할 때 '내 의도는 그게 아닌데…'라는 느낌을 담을 때도 씁니다.

Step 1 패턴 익히기 mp3를 들으며 큰 소리로 따라 해 보세요.

그냥 **안부 인사를** 하고 싶었어.

I just wanted to **say hello.**

난 **사과**하고 싶었을 뿐이야.

I just wanted to **apologize.** ▶ apologize 사과하다

그저 **널 돕고** 싶었을 뿐이야.

I just wanted to **help you.**

단지 **확인**하고 싶었을 뿐이에요.

I just wanted to **make sure.** ▶ make sure 확인하다, 확실하게 하다

축하해 주고 싶었을 뿐이야.

I just wanted to **congratulate you.** ▶ congratulate 축하하다

Speaking Tip

I just wanted to... 패턴에서 just에 강세를 주면서 발음하면 더 자연스럽게 들립니다. 오해 받고 있는 자신의 모습을 상상하면서 감정을 담아 표현해 보세요.

98

1 그냥 안부 인사를 하고 싶었어.

2 난 사과하고 싶었을 뿐이야.

3 그저 널 돕고 싶었을 뿐이야.

4 단지 확인하고 싶었을 뿐이에요.

5 축하해 주고 싶었을 뿐이야.

Step 3 실제 대화로 감 잡기 우리말 부분을 영어로 떠올리며 대화를 익혀 보세요.

>>> 친구의 도움이 불편할 때

A **Why did you do that?**

B **I'm sorry.** 난 그저 널 돕고 싶었을 뿐이야.

A **Don't do that next time.**

A 왜 그랬어?

B 미안해. I just wanted to help you.

A 다음에는 그러지 마.

▶ next time 다음에

회화패턴

~하고 싶어?

Do you want to...?

034

Do you want to...?는 상대방이 하고 싶은 일을 묻거나, 도움을 주려고 할 때 등 다양한 상황에서 쓸 수 있습니다. 마찬가지로 회화에서는 Do you wanna...?로 발음됩니다.

 Step 1 패턴 익히기   mp3를 들으며 큰 소리로 따라 해 보세요.

올래?

Do you want to **come?**

다시 해 볼래?

Do you want to **try again?**

오늘 나랑 저녁 같이 먹을래요?

Do you wanna **have dinner with me tonight?**

한 번 볼래?

Do you wanna **take a look?** ▶ take a look 한 번 보다

셔츠를 사고 싶어?

Do you wanna **buy a shirt?**

 Speaking Tip

〈겨울왕국〉에 나왔던 유명한 노래 "Do you want to build a snowman?(나랑 눈사람 만들래?)" 기억하시나요? 노래를 자세히 들어 보면 Do you wanna build a snowman? 하고 want to를 wanna로 부르는 걸 알 수 있습니다.

100

1 올래?

2 다시 해 볼래?

3 오늘 나랑 저녁 같이 먹을래요?

4 한 번 볼래?

5 셔츠를 사고 싶어?

Step 3 실제 대화로 감 잡기 우리말 부분을 영어로 떠올리며 대화를 익혀 보세요.

>>> 저녁 식사에 대해 이야기할 때

A 오늘 나랑 저녁 같이 먹을래?

B **Of course. I know a great restaurant around here.**

A **All right. Let's go out in five minutes.**

A Do you wanna have dinner with me tonight?

B 물론이지. 내가 이 근처에 괜찮은 식당을 알고 있어.

A 좋아. 5분 후에 나가자.

▶ eat out 외식하다 go out 나가다, 외출하다

101

내가 ~해 줄까?

Do you want me to...?

내가 뭔가 해 주기를 바라는지 상대방에게 물어볼 때 Do you want me to...? 패턴을 사용할 수 있습니다. Do you want to...의 중간에 me가 들어가면 행동 주체가 '나'로 바뀌는 것입니다.

 Step 1 **패턴 익히기** mp3를 들으며 큰 소리로 따라 해 보세요.

내가 **설명**해 줄까?

Do you want me to **explain?** ▸ explain 설명하다

내가 **기다려** 줄까?

Do you want me to **wait?**

내가 **도와줄까요?**

Do you want me to **help you?**

택시를 불러 드릴까요?

Do you want me to **call a taxi?** ▸ call a taxi 택시를 부르다

내가 **차로 데리러 갈까?**

Do you want me to **pick you up?** ▸ pick up 차로 데리러 가다

 Speaking Tip

앞에 의문사 what을 넣어 What do you want me to do? 하면 '내가 어떻게 해 주길 원해?'라는 의미의 표현이 됩니다. 상황이나 어조에 따라서는 약간 따지는 듯한 뉘앙스가 될 수 있습니다.

1 내가 설명해 줄까?

2 내가 기다려 줄까?

3 내가 도와줄까요?

4 택시를 불러 드릴까요?

5 내가 차로 데리러 갈까?

Step 3 실제 대화로 감 잡기 우리말 부분을 영어로 떠올리며 대화를 익혀 보세요.

>>> 어려운 문제를 푸는 학생을 도울 때

A **What's the matter?**

B **This problem is too difficult for me.**

A 내가 설명해 줄까?

A 왜 그래?

B 이 문제가 너무 어려워요.

A Do you want me to explain?

▶ What's the matter? 무슨 일이야?, 무슨 문제 있어?

너의 ~가 마음에 들어

I like your...

상대방을 칭찬할 때 I like your... 패턴을 사용할 수 있습니다. 옷차림이나 외모와 같은 구체적인 것부터 아이디어 등 추상적인 내용까지 무엇이든 쓸 수 있습니다.

🔊 **Step 1** 패턴 익히기 mp3를 들으며 큰 소리로 따라 해 보세요.

목소리가 참 좋으시네요.

I like your voice.

네 원피스 예쁘네.

I like your dress.

> dress는 위아래가 붙어 있는 옷 '원피스'를 가리키는 경우가 많아요.

네 새로운 헤어스타일 마음에 든다.

I like your new hairdo. ▶ hairdo 머리 모양, 헤어스타일

네 아이디어가 마음에 들어.

I like your idea.

당신의 사고방식이 마음에 드는군요.

I like your way of thinking. ▶ one's way of thinking 사고방식

🐧 **Speaking Tip**

지금 당장 주변을 둘러보세요. 칭찬할 게 보이지 않나요? 그럼 웃는 얼굴로 이 패턴을 써서 말해 보세요. 진심을 담아서 말하면 훨씬 더 오래 기억에 남을 수 있을 겁니다.

1 목소리가 참 좋으시네요.

2 네 원피스 예쁘네.

3 네 새로운 헤어스타일 마음에 든다.

4 네 아이디어가 마음에 들어.

5 당신의 사고방식이 마음에 드는군요.

Step 3 실제 대화로 감 잡기 우리말 부분을 영어로 떠올리며 대화를 익혀 보세요.

>>> 친구가 입고 온 옷을 칭찬할 때

A 네 원피스 예쁘다.

B Really? My boyfriend gave it to me for my birthday.

A He's so sweet.

A I like your dress.

B 정말? 남자친구가 생일 선물로 줬어.

A 네 남자친구 정말 멋지다.

▶ sweet 다정한, 상냥한

난 ~하는 걸 좋아해

I like to...

어떤 행동을 하는 것을 좋아한다고 말할 때 I like to... 패턴을 사용할 수 있습니다. 평소에 자신이 즐겨 하는 일이나 취미를 말할 때 My hobby is... 대신 I like to... 패턴을 사용해 보세요.

 Step 1 패턴 익히기   mp3를 들으며 큰 소리로 따라 해 보세요.

난 **영화 보는** 거 좋아해.

I like to watch movies.★

난 **요리**하는 걸 좋아해.

I like to cook.

전 **주말에 산에 가**는 걸 좋아해요.

I like to go hiking on weekends. ▸ go hiking 등산하다

난 **기차로 여행**하는 것을 좋아해.

I like to travel by train.

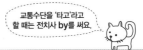
교통수단을 '타고'라고
할 때는 전치사 by를 써요.

나는 **뒹굴거리**는 것을 좋아해요.

I like to chill out. ▸ chill out 긴장을 풀다, 휴식을 취하다

 Speaking Tip

I like to...는 I like+'동사+-ing'의 형태로 바꿔 써도 거의 같은 뜻입니다. I like to watch movies.를 I like watching movies.라고 해도 마찬가지로 '나는 영화 보는 걸 좋아해.'라는 의미가 됩니다.

1 난 영화 보는 거 좋아해.   🎤

2 난 요리하는 걸 좋아해.   🎤

3 전 주말에 산에 가는 걸 좋아해요.   🎤

4 난 기차로 여행하는 것을 좋아해.   🎤

5 나는 뒹굴거리는 것을 좋아해요.   🎤

💬 **Step 3** 실제 대화로 감 잡기 우리말 부분을 영어로 떠올리며 대화를 익혀 보세요.

⋙ 뭘 좋아하는지 물을 때

A   **What do you like to do?**

B   저는 요리하는 걸 좋아해요.

A   **Can you teach me how to cook?**

A   뭐 하는 걸 좋아하세요?

B   I like to cook.

A   요리하는 법을 가르쳐 줄 수 있나요?

▶ how to + 동사: ~하는 법

난 ~하는 걸 좋아하지 않아

I don't like to...

I like to...에 don't을 넣은 I don't like to...는 뭔가 하는 것을 좋아하지 않는다고
말할 때 사용하는 패턴입니다.

Step 1 패턴 익히기 mp3를 들으며 큰 소리로 따라 해 보세요.

난 **공부**하는 것을 좋아하지 않아.

I don't like to study.

그 일에 대해 **얘기**하기 싫어.

I don't like to talk about it.

난 **불평**하는 거 좋아하지 않아.

I don't like to complain.

빨래하는 것을 좋아하지 않아.

I don't like to do the laundry.

전 **낚시**는 좋아하지 않아요.

I don't like to go fishing.

 Speaking Tip

> 폴 앵카의 "I don't like to sleep alone"이라는 제목의 팝송이 있는데, 유튜브에서 한 번 들어 보세요.
> I don't like to sleep alone. Stay with me.(난 홀로 잠들기 싫어요. 내 곁에 머물러 주세요.)라는
> 가사의 노래인데 제가 적극 추천드립니다.

108

1 난 공부하는 것을 좋아하지 않아.

2 그 일에 대해 얘기하기 싫어.

3 난 불평하는 거 좋아하지 않아.

4 빨래하는 것을 좋아하지 않아.

5 전 낚시는 좋아하지 않아요.

Step 3 실제 대화로 감 잡기 우리말 부분을 영어로 떠올리며 대화를 익혀 보세요.

>>> 낚시하러 가자고 권할 때

A **What are you doing?**

B **I'm packing. Do you want to go fishing?**

A 글쎄, 난 낚시는 좋아하지 않아. **I'm afraid of water.**

A 뭐해?

B 나 짐 챙기고 있어. 낚시하러 갈래?

A Well, I don't like to go fishing. 물을 무서워하거든.

▶ pack (짐을) 싸다, 챙기다

회화 패턴

~하고 싶어요

I'd like to...

어떤 일을 하고 싶다고 정중하게 말할 때 I'd like to... 패턴을 사용할 수 있습니다. I'd like to는 I would like to를 줄인 표현입니다.

Step 1 패턴 익히기 mp3를 들으며 큰 소리로 따라 해 보세요.

여기서 며칠 더 머무르고 싶어요.

I'd like to stay here a few more days.

건배를 제의하고 싶습니다.

I'd like to propose a toast. ▶ propose a toast 건배를 제안하다

그 일자리에 지원하고자 합니다.

I'd like to apply for the job. ▶ apply for ~에 지원하다, 신청하다

예약하고 싶은데요.

I'd like to make an appointment.

바람 좀 쐬야겠어.

I'd like to get some fresh air. ▶ get some fresh air 바람을 쐬다

 Speaking Tip

I'd like to의 -d 음은 실제로 거의 들리지 않습니다. 우리말의 '드'보다는 'ㄷ' 정도로 살짝 말하고 지나가면 됩니다. 여러 번 연습해서 익숙해지면 잘 말할 수 있을 뿐만 아니라 잘 들을 수도 있습니다.

1 여기서 며칠 더 머무르고 싶어요. 🎤

2 건배를 제의하고 싶습니다. 🎤

3 그 일자리에 지원하고자 합니다. 🎤

4 예약하고 싶은데요. 🎤

5 바람 좀 쐬야겠어. 🎤

💬 **Step 3** 실제 대화로 감 잡기   우리말 부분을 영어로 떠올리며 대화를 익혀 보세요.

≫≫ 후배 동료가 사과를 할 때

A   **Do you have anything to say?**

B   사과하고 싶어요.

A   **I've already forgotten everything. It's okay.**

A   할 말 있어?

B   I'd like to apologize.

A   벌써 다 잊었어. 괜찮아.

· 회화 패턴 ·

~하시겠어요?

Would you like to...?

상대방의 의향을 공손하게 물을 때 Would you like to...? 패턴을 사용할 수 있습니다. Do you want to...?는 편한 사이에 쓰고, 이 표현은 좀더 예의를 갖춰야 하는 상황에서 쓰세요.

 Step 1 패턴 익히기   mp3를 들으며 큰 소리로 따라 해 보세요.

들어오시겠어요?

Would you like to **come in?**★ ▶ come in (안으로) 들어오다

혼자 있고 싶으세요?

Would you like to **be alone?**

우리랑 합류하실래요?

Would you like to **join us?**

마실 것 좀 드실래요?

Would you like to **drink something?**

메시지를 남기시겠어요?

Would you like to **leave a message?**

 Speaking Tip

Would you like to come in? 대신 Do you want to come in?이라고 하면 '들어올래?'라고 좀더 편하게 묻는 표현이 됩니다. 더 간단히 Wanna come in?이라고 말할 수도 있어요.

1 들어오시겠어요?

2 혼자 있고 싶으세요?

3 우리랑 합류하실래요?

4 마실 것 좀 드실래요?

5 메시지를 남기시겠어요?

Step 3 실제 대화로 감 잡기 우리말 부분을 영어로 떠올리며 대화를 익혀 보세요.

>>> 같이 한잔 하자고 말할 때

A **Are you busy today?**

B **I'm not really busy.**

A **I'm gonna have a drink with Mike later.**
우리랑 합류할래요?

A 오늘 바쁘세요?

B 별로 바쁘지 않아요.

A 있다가 마이크랑 술 한잔 할 거예요. Would you like to join us?

▶ have a drink 한잔 하다

113

PART 2   회화에 꼭 나오는 **핵심동사 패턴**

Unit 07

----

think & know

● 회화패턴 ●

041

~인 것 같아

I think...

내 생각을 말할 때 I think... 패턴을 사용할 수 있습니다. 확신을 가진다기보다는, '내 생각에는 이런 것 같아'라고 조심스럽게 표현할 때 주로 사용합니다.

 Step 1 패턴 익히기　mp3를 들으며 큰 소리로 따라 해 보세요.

네 말이 맞는 것 같아.

I think you're right. ★

나 감기 걸린 것 같아.

I think I have a cold.

나 잘한 것 같아.

I think I did a good job. ▶ do a good job 잘하다

네가 거짓말하고 있는 것 같아.

I think you're lying.

그녀는 착한 것 같아요.

I think that she is nice.

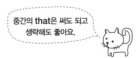

중간의 that은 써도 되고 생략해도 좋아요.

 Speaking Tip

강한 확신을 가지고 말할 때는 I think... 대신 I'm sure...을 사용할 수 있습니다. ex) I'm sure you're right.(네 말이 확실히 맞아.)

116

1 네 말이 맞는 것 같아.　🎤

2 나 감기 걸린 것 같아.　🎤

3 나 잘한 것 같아.　🎤

4 네가 거짓말하고 있는 것 같아.　🎤

5 그녀는 착한 것 같아요.　🎤

💬 **Step 3** 실제 대화로 감 잡기 우리말 부분을 영어로 떠올리며 대화를 익혀 보세요.

>>> 어떤 친구에 대해 물어볼 때

A **What do you think about her?**

B 그녀는 착한 것 같아.

A **I think so, too.**

A 그녀에 대해 어떻게 생각해?

B I think that she is nice.

A 나도 그렇게 생각해.

▶ What do you think about...? ~에 대해 어떻게 생각해?

~인 것 같지 않아

I don't think...

부정적인 의견을 말할 때는 I don't think... 패턴을 사용할 수 있습니다. I think...의 반대 표현으로, '~인 것 같지 않다, 내 생각에는 ~가 아닌 것 같다'라는 뜻입니다.

◀))) Step 1 패턴 익히기 mp3를 들으며 큰 소리로 따라 해 보세요.

공평하지 않은 것 같아.

I don't think it's fair. ▶ fair 공정한, 공평한

너에게는 좋지 않은 것 같아.

I don't think it's good for you.

그것이 가능하다고 생각하지 않아요.

I don't think it is possible. ▶ possible 가능한

좋은 생각이 아닌 것 같아.

I don't think it's a good idea.★

그는 나를 좋아하지 않는 것 같아.

I don't think he likes me.

 Speaking Tip

It's not a good idea.(그건 좋은 생각이 아니야.)를 완곡하게 표현할 때 I think it's not a good idea.라고 하지 않고, I don't think it's a good idea.라고 표현하는 점을 눈여겨봐 주세요.

1 공평하지 않은 것 같아. 🎤

2 너에게는 좋지 않은 것 같아. 🎤

3 그것이 가능하다고 생각하지 않아요. 🎤

4 좋은 생각이 아닌 것 같아. 🎤

5 그는 나를 좋아하지 않는 것 같아. 🎤

💬 **Step 3** 실제 대화로 감 잡기 우리말 부분을 영어로 떠올리며 대화를 익혀 보세요.

>>> 상대방의 감정에 확신이 없을 때

A **I have a crush on someone.**

B **Why don't you ask him out?**

A **I don't know.** 그 사람이 나를 좋아하지 않는 것 같아.

A 나 어떤 사람한테 반했어.

B 그 남자에게 데이트 신청해 보지 그래?

A 모르겠어. I don't think he likes me.

▶ have a crush on ~에게 반하다   ask A out A에게 데이트 신청하다

119

회화 패턴

너 ~해야 할 것 같아

I think you should...

043

상대방에게 '~해야 할 것 같아, ~하는 게 좋겠어'라고 충고 또는 권유할 때 사용하는 패턴입니다. should 하면 '~해야 한다'라는 '의무'를 떠올리실 텐데, 회화에서 should는 권유나 조언의 의미로 많이 쓰입니다.

 Step 1 패턴 익히기 mp3를 들으며 큰 소리로 따라 해 보세요.

너 **가**야 할 것 같아.

I think you should **go.**★

넌 **그녀와 얘기**해야 할 것 같아.

I think you should **talk to her.**

병원에 가 보셔야 할 것 같아요.

I think you should **see a doctor.** ▸ see a doctor 의사의 진찰을 받다

너 **이제 가**는 게 좋겠어.

I think you should **leave now.**

너 **조심**하는 게 좋겠어.

I think you should **be careful.** ▸ careful 조심하는, 주의 깊은

 Speaking Tip

좀 더 강하게 내 생각을 말하고 싶으면 should 대신 have to를 쓰면 됩니다. 예를 들어서 '(내 생각에) 너는 꼭 가야 해.'라고 말하려면 I think you have to go.라고 하면 됩니다.

1 너 가야 할 것 같아. 🎤

2 넌 그녀와 얘기해야 할 것 같아. 🎤

3 병원에 가 보셔야 할 것 같아요. 🎤

4 너 이제 가는 게 좋겠어. 🎤

5 너 조심하는 게 좋겠어. 🎤

💬 **Step 3** 실제 대화로 감 잡기 우리말 부분을 영어로 떠올리며 대화를 익혀 보세요.

➤➤➤ 친구가 아파 보일 때

A **Are you sick?**

B **I think I have a fever.**

A **Let me see...** 너 병원에 가 봐야 할 것 같아.

A 어디 아파?

B 열이 있는 것 같아.

A 어디 보자… I think you should see a doctor.

▸ I have + 병명/증상 ~에 걸리다, ~한 증상이 있다 fever 열

121

~할까 생각 중이야

I'm thinking about...

I'm thinking about...는 앞으로 하려고 생각하고 있는 일을 말할 때 사용하는 패턴
입니다. about 다음에 동사를 쓸 때는 '동사+-ing'의 형태로 씁니다.

 Step 1 패턴 익히기   mp3를 들으며 큰 소리로 따라 해 보세요.

자러 갈까 생각 중이야.

I'm thinking about going to bed.

서울로 이사할까 생각 중이야.

I'm thinking about moving to Seoul.   ▶ move to ~로 이사하다

유튜브를 시작할까 생각 중이야.

I'm thinking about starting a YouTube channel.

직업을 바꿀까 생각 중이에요.

I'm thinking about changing jobs.

쇼핑하러 갈까 싶어.

I'm thinking about going shopping.

 Speaking Tip

영어 문장을 실감 나게 말하는 연습을 해 보세요. I'm thinking about changing jobs.를 말할 때는
손을 턱에 올리고 고민하는 자세를 취해 보면 좋습니다.

1 자러 갈까 생각 중이야. 🎤

2 서울로 이사할까 생각 중이야. 🎤

3 유튜브를 시작할까 생각 중이야. 🎤

4 직업을 바꿀까 생각 중이에요. 🎤

5 쇼핑하러 갈까 싶어. 🎤

💬 **Step 3** **실제 대화로 감 잡기** 우리말 부분을 영어로 떠올리며 대화를 익혀 보세요.

≫≫ 입을 옷에 대해 얘기할 때

A I don't have any clothes to wear.

B You need to buy some clothes.

A 쇼핑하러 갈까 싶어.

A 입을 옷이 하나도 없어.

B 넌 옷을 좀 사야 해.

A I'm thinking about going shopping.

▶ clothes 옷, 의류 (단수형 cloth는 '천, 옷감'의 의미예요)

123

회화패턴

~인 것 같아?

Do you think...?

045

Do you think...?는 '~인 것 같아?, ~라고 생각해?'라는 뜻으로, 상대방의 의견을 물을 때 쓰는 패턴입니다. 확신이 서지 않을 때 이 패턴을 써 보세요.

 Step 1 패턴 익히기   mp3를 들으며 큰 소리로 따라 해 보세요.

내가 해야 한다고 생각해요?

Do you think I should do it?

비가 올 것 같아?

Do you think it's going to rain?

내가 바보 같니?

Do you think I'm stupid?★   ▶ stupid 멍청한, 어리석은

내가 지금 농담하는 것 같아?

Do you think I'm kidding?   ▶ kid 농담하다

그가 제시간에 올 것 같아?

Do you think he'll come on time?   ▶ on time 제시간에, 제때에

 Speaking Tip

Do you think I'm stupid?는 '내가 무슨 바보인줄 알아?, 내가 바보로 보여?'라는 의미로, 상대방이 너무 뻔한 속임수로 나를 속이려고 할 때 되묻는 표현입니다.

1 내가 해야 한다고 생각해요?

2 비가 올 것 같아?

3 내가 바보 같니?

4 내가 지금 농담하는 것 같아?

5 그가 제시간에 올 것 같아?

Step 3 실제 대화로 감 잡기 우리말 부분을 영어로 떠올리며 대화를 익혀 보세요.

>>> 지각이 잦은 친구를 기다리며

A 그가 제시간에 올 것 같아?

B I don't think so. He's always late.

A I need to say something.

A Do you think he'll come on time?

B 아닐 걸. 걘 항상 늦잖아.

A 얘기 좀 해야겠네.

▶ need to ~할 필요가 있다, ~해야 한다

나 ~할 줄 알아

I know how to...

뭔가 하는 방법을 안다고 말할 때 I know how to... 패턴을 사용할 수 있습니다.
how to는 '~하는 법'을 뜻합니다. to 다음에는 동사원형을 쓰세요.

Step 1 패턴 익히기 mp3를 들으며 큰 소리로 따라 해 보세요.

나 그거 할 줄 알아.

I know how to do it.

전 그거 다루는 법을 알아요.

I know how to handle it. ▸ handle 다루다, 처리하다

나도 비밀을 지킬 줄 알아요.

I know how to keep a secret. ★ ▸ keep a secret 비밀을 지키다

나 체스 둘 줄 알아.

I know how to play chess.

나 자전거 탈 줄 알아.

I know how to ride a bike.

 Speaking Tip

> I know how to keep a secret.은 누군가가 '이건 비밀이니까 다른 사람한테 얘기하지 마'라고 했을
> 때 '나도 그 정도는 알아. 어디 가서 말하지 않을 거야'라는 뉘앙스로 쓰는 표현입니다.

1 나 그거 할 줄 알아.

2 전 그거 다루는 법을 알아요.

3 나도 비밀을 지킬 줄 알아요.

4 나 체스 둘 줄 알아.

5 나 자전거 탈 줄 알아.

Step 3 실제 대화로 감 잡기 우리말 부분을 영어로 떠올리며 대화를 익혀 보세요.

>>> 친구가 체스를 배우려고 할 때

A I'm thinking of learning to play chess.

B Really? 나 체스 둘 줄 알아.

A Oh, that's great. Can you teach me?

A 체스를 배울까 생각 중이야.

B 진짜? I know how to play chess.

A 아, 그거 잘됐다. 나 좀 가르쳐 줄래?

회화패턴

왜 ~인지 모르겠어

I don't know why...

047

어떤 일이 일어난 이유를 모르겠다고 할 때 I don't know why... 패턴을 사용할 수 있습니다. 정말 모를 때뿐만 아니라 왜 그런지 이해가 가지 않는다고 말할 때도 씁니다.

 Step 1 패턴 익히기 mp3를 들으며 큰 소리로 따라 해 보세요.

내가 왜 그랬는지 모르겠어.

I don't know why I did it.

내가 왜 그런 말을 했는지 모르겠어요.

I don't know why I said that.

내가 왜 여기 있는지 모르겠어.

I don't know why I'm here. ★

네가 왜 남자친구가 없는지 모르겠어.

I don't know why you don't have a boyfriend.

내가 왜 이렇게 긴장하는지 모르겠어요.

I don't know why I'm so nervous. ▶ nervous 긴장한

 Speaking Tip

I don't know why I'm here.는 '내가 왜 여기 있는지 모르겠다, 내가 지금 여기서 뭐하고 있는 건지 모르겠다'라는 의미로, '괜히 왔다, 가야겠다'는 뉘앙스를 표현합니다.

1 내가 왜 그랬는지 모르겠어. 🎤

2 내가 왜 그런 말을 했는지 모르겠어요. 🎤

3 내가 왜 여기 있는지 모르겠어. 🎤

4 네가 왜 남자친구가 없는지 모르겠어. 🎤

5 내가 왜 이렇게 긴장하는지 모르겠어요. 🎤

💬 **Step 3** 실제 대화로 감 잡기 우리말 부분을 영어로 떠올리며 대화를 익혀 보세요.

>>> 동료가 실수를 하고 괴로워할 때

A 내가 왜 그랬는지 모르겠어.

B **Never mind. Anyone can make mistakes.**

A **Thank you for saying that.**

A I don't know why I did it.

B 신경 쓰지 마. 누구나 실수를 하는 거지.

A 그렇게 말해 줘서 고마워.

▶ never mind 걱정하지 마, 신경 쓰지 마

왜 ~하는지 알아?

Do you know why…?

이유를 물어볼 때 Do you know why…? 패턴을 사용할 수 있습니다. 어리둥절해 있는 상대방에게 이유를 설명하려고 할 때도 사용하기 좋은 표현입니다.

 Step 1 패턴 익히기   mp3를 들으며 큰 소리로 따라 해 보세요.

왠지 알아?

Do you know why?★

그가 왜 **화났**는지 아세요?

Do you know why he is angry?

그녀가 왜 **너를 찼**는지 알아?

Do you know why she dumped you? ▶ dump 버리다

내가 왜 **하고 싶지 않**은지 알아?

Do you know why I don't want to?

제가 왜 **신경 안 쓰**는지 아세요?

Do you know why I don't care? ▶ care 신경 쓰다

 Speaking Tip

일상 회화에서는 Do you know why?에서 Do를 빼고 You know why?로도 많이 말합니다. 끝에 있는 Why에 강세를 주면서 자연스럽게 말해 보세요.

1 왠지 알아?

2 그가 왜 화났는지 아세요?

3 그녀가 왜 너를 찼는지 알아?

4 내가 왜 하고 싶지 않은지 알아?

5 제가 왜 신경 안 쓰는지 아세요?

💬 **Step 3** 실제 대화로 감 잡기 우리말 부분을 영어로 떠올리며 대화를 익혀 보세요.

>>> 신경 쓰지 않는 이유에 대해 말할 때

A 제가 왜 신경 안 쓰는지 아세요?

B **I have no idea.**

A **The reason is that it's not worth it.**

A Do you know why I don't care?

B 모르겠어요.

A 그럴 만한 가치가 없기 때문이에요.

▶ worth ~의 가치가 있는

131

너 ~할 줄 알아?

Do you know how to...?

원가를 할 줄 아는지 물어볼 때 Do you know how to...? 패턴을 사용할 수 있습니다. Do you know(아세요?)와 how to(~하는 방법)가 합쳐진 표현입니다.

 Step 1 패턴 익히기   mp3를 들으며 큰 소리로 따라 해 보세요.

운전할 줄 아세요?

Do you know how to **drive?**

수영할 줄 아세요?

Do you know how to **swim?**

춤출 줄 아세요?

Do you know how to **dance?**

그거 어떻게 하는지 아니?

Do you know how to **do that?**

거기 어떻게 가는지 알아?

Do you know how to **get there?** ▶ get 도착하다

 Speaking Tip

'할 줄 알아.'라고 할 때는 I know how to., '할 줄 몰라.'는 I don't know how to.로 간단히 대답하면 됩니다.

132

우리말을 보고 영어로 말하기 5초 안에 말하도록 도전해 보세요.

1 운전할 줄 아세요?

2 수영할 줄 아세요?

3 춤출 줄 아세요?

4 그거 어떻게 하는지 아니?

5 거기 어떻게 가는지 알아?

Step 3 **실제 대화로 감 잡기** 우리말 부분을 영어로 떠올리며 대화를 익혀 보세요.

>>> 수영을 할 수 있는지 물을 때

A **Let's go to the beach.**

B 수영할 줄 알아?

A **I learned to swim when I was young.**

A 해변에 가자.

B Do you know how to swim?

A 어렸을 때 수영 배웠어.

▶ learn to 동사원형 ~하는 것을 배우다

• 회화 패턴 •

050

너 ~ 알고 있었어?

Did you know...?

상대방이 뭔가를 알고 있었는지 물어볼 때 Did you know...? 패턴을 사용할 수 있습니다. 뒤에는 상대방이 알고 있는지 궁금한 내용을 덧붙여서 문장을 완성해 주세요.

 Step 1 패턴 익히기   mp3를 들으며 큰 소리로 따라 해 보세요.

너 **그거** 알고 있었어?

Did you know **that?**

그녀를 알고 있었나요?

Did you know **her?**

너 **그녀가 임신한** 거 알고 있었어?

Did you know **she was pregnant?**   ▸ pregnant 임신한

그가 결혼한 거 알고 있었어요?

Did you know **he was married?**   ▸ married 결혼한, 기혼의

그녀가 직장을 그만둔 거 알고 있었어?

Did you know **that she quit her job?**

quit은 과거형도 quit이에요.

 Speaking Tip

> 그냥 '너 알고 있었어?'라고 간단히 물어볼 때는 Did에 강세를 주면서 Did you know?라고 말하면 됩니다.

134

1 너 그거 알고 있었어?

2 그녀를 알고 있었나요?

3 너 그녀가 임신한 거 알고 있었어?

4 그가 결혼한 거 알고 있었어요?

5 그녀가 직장을 그만둔 거 알고 있었어?

Step 3 실제 대화로 감 잡기 우리말 부분을 영어로 떠올리며 대화를 익혀 보세요.

>>> 지인의 결혼 여부에 대해 얘기할 때

A **Why are you so surprised?**

B 너 그가 결혼한 거 알고 있었어?

A **Of course. He always wears his wedding ring.**

A 왜 그렇게 놀라는 거야?

B Did you know he was married?

A 물론이야. 그는 항상 결혼 반지를 끼고 있어.

▶ wear 착용하다, 입다   wedding ring 결혼반지

PART 2 회화에 꼭 나오는 **핵심동사 패턴**

Unit 08

----

mean & mind

내 말은 ~라는 거야

I mean...

상대방이 잘 이해하지 못한 것 같아서, 다시 한 번 설명할 때 I mean... 패턴을 사용할
수 있습니다. I mean 뒤에는 조금 더 구체적으로 설명해 주면 됩니다.

◀») Step 1 패턴 익히기 mp3를 들으며 큰 소리로 따라 해 보세요.

내 말은 **그가 옳**다는 거야.

I mean he's right.

내 말은 **그건 내 잘못이 아니었**다는 거야.

I mean it wasn't my fault. ▶ fault. 잘못, 책임

제 말은 **이해가 안 간**다는 거예요.

I mean I don't understand.

내 말은 **네가 나를 오해했**다는 거야.

I mean you misunderstood me. ▶ misunderstand 오해하다

내 말은 **이걸 받아들일 수 없**다는 거야.

I mean I can't accept this. ▶ accept 받아들이다

 Speaking Tip

> I mean은 보충어(filler word)로도 활용할 수 있습니다. 할 말이 잘 생각나지 않을 때 I mean...이라고
> 말하면서 시간을 벌어 보세요. 한편, 일상 대화에서 I mean it.이라는 말을 잘 쓰는데요, "진심이야."라는
> 의미죠.

1 내 말은 그가 옳다는 거야.

2 내 말은 그건 내 잘못이 아니었다는 거야.

3 제 말은 이해가 안 간다는 거예요.

4 내 말은 네가 나를 오해했다는 거야.

5 내 말은 이걸 받아들일 수 없다는 거야.

Step 3 실제 대화로 감 잡기 우리말 부분을 영어로 떠올리며 대화를 익혀 보세요.

>>> 자기 잘못이 아니라고 억울해할 때

A **This is not fair.**

B **What do you mean by unfair?**

A 내 말은 그건 내 잘못이 아니었다는 거야.

A 이건 불공평해.

B 불공평하다니, 무슨 말이야?

A I mean it wasn't my fault.

▶ fair 공정한, 공평한   unfair 불공정한, 불공평한

139

~라는 게 무슨 뜻이에요?

What do you mean…?

052

상대방의 말이 이해되지 않아서 다시 물어볼 때 What do you mean…? 패턴을 사용할 수 있습니다. mean은 '~라는 뜻이다, ~의 뜻으로 말하다'라는 의미가 있습니다.

Step 1 패턴 익히기　mp3를 들으며 큰 소리로 따라 해 보세요.

못한다는 게 무슨 말이야?

What do you mean you can't?

그만뒀다는 게 무슨 뜻이야?

What do you mean you quit?

네가 **한 게 아니**라는 말이 무슨 뜻이야?

What do you mean you didn't do it?

못 온다는 게 무슨 말이에요?

What do you mean you can't come?

준비가 안 됐다는 게 무슨 말이야?

What do you mean you're not ready?

 Speaking Tip

What do you mean?은 그 자체로 '무슨 말이에요?'라는 뜻으로 단독으로도 회화에서 많이 사용됩니다. 상대방의 말이 이해되지 않거나 믿을 수 없을 때 혼란스럽다는 표정으로 말해 보세요.

1 못한다는 게 무슨 말이야?

2 그만뒀다는 게 무슨 뜻이야?

3 네가 한 게 아니라는 말이 무슨 뜻이야?

4 못 온다는 게 무슨 말이에요?

5 준비가 안 됐다는 게 무슨 말이야?

Step 3 실제 대화로 감 잡기 우리말 부분을 영어로 떠올리며 대화를 익혀 보세요.

>>> 상대방이 한 일에 대해 추궁할 때

A **Why did you do it?**

B **I didn't do it.**

A 네가 한 게 아니라는 게 무슨 말이야?

A 왜 그랬어?

B 내가 한 게 아니야.

A What do you mean you didn't do it?

회화패턴

053

~하려는 의도는 아니었어

I didn't mean to...

그런 의도가 아니었다고 해명할 때 I didn't mean to... 패턴을 사용할 수 있습니다.
오해를 받는 상황에서 해명할 때 또는 예기치 않은 일에 대해 사과할 때 사용하기 좋은
표현입니다.

 Step 1 패턴 익히기 mp3를 들으며 큰 소리로 따라 해 보세요.

귀찮게 하려는 의도는 아니었어요.

I didn't mean to **bother you.** ▶ bother 성가시게 하다

방해할 의도는 아니었어.

I didn't mean to **interrupt.** ▶ interrupt 방해하다

널 **난처하게** 할 의도는 아니었어.

I didn't mean to **embarrass you.** ▶ embarrass 당황스럽게 하다

당신의 **마음을 아프게** 할 의도는 아니었어요.

I didn't mean to **break your heart.**

널 **기분 나쁘게** 하려는 의도는 없었어.

I didn't mean to **make you feel bad.**

 Speaking Tip

I didn't mean to.는 단독으로도 많이 사용합니다. 오해 받을 만한 상황에서 '고의가 아니었어요.'라고
말하는 느낌이 있습니다.

1 귀찮게 하려는 의도는 아니었어요.

2 방해할 의도는 아니었어.

3 널 난처하게 할 의도는 아니었어.

4 당신의 마음을 아프게 할 의도는 아니었어요.

5 널 기분 나쁘게 하려는 의도는 없었어.

>>> 상대방이 성가시게 느껴질 때

A **Don't bother me.**

B 귀찮게 하려는 의도는 아니었어요.

A **Sorry. I think I'm a little sensitive right now.**

A 귀찮게 하지 마.

B I didn't mean to bother you.

A 미안해. 나 지금 좀 예민한 것 같아.

▶ a little 약간, 좀　sensitive 예민한, 섬세한

~해 주시겠어요?

Would you mind...?

직역하면 '~하는 게 신경 쓰이나요?, ~하는 걸 꺼리나요?'로 상대방에게 어떤 행동을 정중히 부탁할 때 쓰는 패턴입니다. mind 뒤에는 '동사+-ing'를 써야 합니다.

 Step 1 패턴 익히기   mp3를 들으며 큰 소리로 따라 해 보세요.

저 좀 도와주시겠어요?

Would you mind helping me?

다시 한 번 말씀해 주시겠어요?

Would you mind repeating that?

다시 보내 주시겠어요?

Would you mind sending it again? ▸ send 보내다

제 가방 좀 봐주시겠어요?

Would you mind watching my bags? ▸ watch 지켜보다

5분 후에 다시 전화해 주시겠어요?

Would you mind calling back in 5 minutes?

 Speaking Tip

이 패턴은 대답할 때 주의가 필요합니다. mind는 '상관하다, 꺼리다'의 뜻이므로, Would you mind...?의 기본 의미는 '~하는 게 꺼리시나요?'입니다. 그래서 Yes.라고 하면 '네, 꺼려요.'라고 하는 게 되니 부탁을 들어 줄 때는 No., Not at all. 등으로 대답해야 합니다.

1 저 좀 도와주시겠어요?

2 다시 한 번 말씀해 주시겠어요?

3 다시 보내 주시겠어요?

4 제 가방 좀 봐주시겠어요?

5 5분 후에 다시 전화해 주시겠어요?

💬 **Step 3** 실제 대화로 감 잡기 우리말 부분을 영어로 떠올리며 대화를 익혀 보세요.

▶▶▶ 다시 보내 달라고 요청할 때

A 다시 보내 주시겠어요?

B **No, I wouldn't.**

A **Thank you so much.**

A Would you mind sending it again?

B 네, 그럴게요.

A 정말 고마워요.

회화패턴

055

~해도 괜찮을까요?

Do you mind if I...?

상대방에게 허락을 구하거나 정중히 부탁할 때 Do you mind if I...? 패턴을 사용할
수 있습니다. 내가 어떤 행동을 해도 괜찮은지 물어보는 표현입니다.

Step 1 패턴 익히기 mp3를 들으며 큰 소리로 따라 해 보세요.

여기 앉아도 괜찮을까요?

Do you mind if I sit here?

이것 좀 빌려도 괜찮을까요?

Do you mind if I borrow this? ▸ borrow 빌리다

창문을 열어도 괜찮을까요?

Do you mind if I open the window?

뭐 좀 물어봐도 되나요?

Do you mind if I ask you something?*

화장실 좀 써도 될까요?

Do you mind if I use your bathroom?

 Speaking Tip

Do you mind if I...? 패턴은 허락을 구하는 표현이므로, May I...?와 바꿔서 사용해도 됩니다. Do
you mind if I ask you something?을 May I ask you something?이라고 해도 좋습니다만,
대답은 Do you mind if I...?는 Not at all.로, May I...?는 Sure.로 달라지니 주의하세요.

146

1 여기 앉아도 괜찮을까요?

2 이것 좀 빌려도 괜찮을까요?

3 창문을 열어도 괜찮을까요?

4 뭐 좀 물어봐도 되나요?

5 화장실 좀 써도 괜찮을까요?

Step 3 실제 대화로 감 잡기 우리말 부분을 영어로 떠올리며 대화를 익혀 보세요.

>>> 화장실을 써도 되는지 물을 때

A 화장실 좀 써도 될까요?

B **Not at all. The bathroom is over there.**

A **Thank you.**

A Do you mind if I use your bathroom?

B 물론이죠. 화장실은 저쪽에 있어요.

A 고마워요.

PART 2 회화에 꼭 나오는 **핵심동사 패턴**

Unit 09

feel & look

~할 기분이 아니야

I don't feel like...

어떤 행동을 하는 것이 내키지 않을 때 I don't feel like... 패턴을 사용할 수 있습니다.
보통 뒤에는 '동사+-ing' 형태를 씁니다.

Step 1 패턴 익히기 mp3를 들으며 큰 소리로 따라 해 보세요.

이야기할 기분이 아니에요.

I don't feel like talking.

출근할 기분이 아니에요.

I don't feel like going to work. ▶ go to work 출근하다

파티에 갈 기분이 아니야.

I don't feel like going to a party.

아무것도 하고 싶지 않아.

I don't feel like doing anything.

아무것도 안 **먹고** 싶어.

I don't feel like eating anything.

 Speaking Tip

I don't feel like it.이라는 표현도 함께 알아두시면 유용합니다. '그럴 기분이 아니야.'라는 뜻으로, 옆에서 이것저것 하자고 하는데 별로 내키지 않을 때 사용해 보세요.

Step 2 우리말을 보고 영어로 말하기 5초 안에 말하도록 도전해 보세요.

1 이야기할 기분이 아니에요.

2 출근할 기분이 아니에요.

3 파티에 갈 기분이 아니야.

4 아무것도 하고 싶지 않아.

5 아무것도 안 먹고 싶어.

Step 3 실제 대화로 감 잡기 우리말 부분을 영어로 떠올리며 대화를 익혀 보세요.

>>> 몸도 아프고 기분도 안 좋을 때

A I don't feel well.

B What's the matter?

A I don't know. 아무것도 하고 싶지 않아.

A 몸이 좋지 않아.

B 무슨 일 있어?

A 모르겠어. I don't feel like doing anything.

편하게 ~하세요

Feel free to...

상대방에게 부담 갖지 말고 하라고 말할 때 Feel free to... 패턴을 사용할 수 있습니다. 상대방에게 호의를 베풀거나 기분을 맞춰 주고 싶을 때 또는 비즈니스 회화에서 흔히 사용됩니다.

 Step 1 패턴 익히기   mp3를 들으며 큰 소리로 따라 해 보세요.

편하게 **전화 주세요.**

Feel free to call me.

편하게 **둘러보**세요.

Feel free to look around. ▶ look around 둘러보다

얼마든지 **질문**하세요.

Feel free to ask questions.

주저 말고 **사진 찍으**세요.

Feel free to take pictures. ▶ take a picture 사진을 찍다

편하게 **쉬**세요.

Feel free to make yourself at home. ★

 Speaking Tip

make yourself at home은 '내 집이다 생각하고 편히 쉬라'는 의미의 표현입니다. 그런데 여기에 Feel free to...까지 붙였으니 정말 편하게 있으라는 의도가 더욱 강조되겠죠?

1 편하게 전화 주세요.

2 편하게 둘러보세요.

3 얼마든지 질문하세요.

4 주저 말고 사진 찍으세요.

5 편하게 쉬세요.

>>> 호텔 프런트에 문의할 때

A **Can I ask you a question?**

B 얼마든지요.

A **Could I get a late checkout tomorrow?**

A 한 가지 물어봐도 될까요?

B Feel free to ask questions.

A 내일 늦게 퇴실할 수 있을까요?

▶ checkout 퇴실, 체크아웃

058

~해 보여

You look...

상대방의 기분이나 상태를 말할 때 You look... 패턴을 사용할 수 있습니다. 여기서 look은 '~하게 보이다'의 의미입니다. 뒤에는 '좋은, 피곤한, 추운' 등의 형용사 표현이 등장합니다.

 Step 1 패턴 익히기   mp3를 들으며 큰 소리로 따라 해 보세요.

좋아 보여요.

You look **good.**

추워 보인다.

You look **cold.**

긴장돼 보여요.

You look **nervous.**   ▸ nervous 긴장한, 초조한

오늘따라 달라 보여요.

You look **different today.**   ▸ different 다른

어머, 엄청 예쁘네요.

Look at you. You look **amazing.**★   ▸ amazing 놀라운

 Speaking Tip

Look at you.를 직역하면 '너를 봐라'인데, 평소와 달라진 모습에 '멋진데', '어머, 너무 예쁘다'라는 느낌을 표현합니다. 반면, 약간 비꼬듯이 쓰면 '네 꼴 좀 봐'의 뜻이 되는 것에 주의하세요.

1 좋아 보여요.

2 추워 보인다.

3 긴장돼 보여요.

4 오늘따라 달라 보여요.

5 어머, 엄청 예쁘네요.

💬 **Step 3** 실제 대화로 감 잡기 우리말 부분을 영어로 떠올리며 대화를 익혀 보세요.

>>> 동료의 모습이 왠지 달라 보일 때

A 오늘따라 달라 보여요.

B That's right! I got a new haircut.

A I think you look nice with short hair.

A You look different today.

B 맞아요! 머리를 새로 잘랐거든요.

A 당신은 짧은 머리가 잘 어울리는 것 같아요.

▶ get a haircut 머리를 자르다

~처럼 보여

You look like...

look like는 '~처럼 보이다, ~와 닮았다'라는 의미입니다. 이때의 like는 '좋아하다'라는 뜻의 동사가 아니라 '~같이, ~처럼'이란 뜻의 전치사입니다.

 Step 1 패턴 익히기   mp3를 들으며 큰 소리로 따라 해 보세요.

당신은 **천사** 같아요.

You look like an angel.

넌 **너희 엄마**와 닮았어.

You look like your mother.

제가 **아는 분**이랑 닮으셨네요.

You look like someone I know.

영화배우처럼 보여.

You look like a movie star.   ▶ movie star 영화배우

좋은 사람 같아 보여요.

You look like a good man.

 Speaking Tip

> You look like... 뒤에 '명사'가 아닌 '주어+동사'를 넣어서 사용할 수도 있습니다. 명사를 넣은 예문을 충분히 연습한 후, 절도 넣어서 활용해 보세요. ex) You look like you're in a good mood today.
> (너 오늘 기분 좋아 보인다.)

Step 2 우리말을 보고 영어로 말하기 5초 안에 말하도록 도전해 보세요.

1 당신은 천사 같아요.

2 넌 너희 엄마와 닮았어.

3 제가 아는 분이랑 닮으셨네요.

4 영화배우처럼 보여.

5 좋은 사람 같아 보여요.

Step 3 실제 대화로 감 잡기 우리말 부분을 영어로 떠올리며 대화를 익혀 보세요.

≫≫ 친구가 오늘따라 멋져 보일 때

A 너 오늘 영화배우 같아.

B I dressed up to go on a date with my girlfriend.

A That's good. Have a great time tonight!

A You look like a movie star today.

B 여자친구랑 데이트가 있어서 신경 좀 썼지.

A 좋겠네. 오늘 저녁 즐거운 시간 보내!

▶ dress up 차려입다 go on a date 데이트하다

157

~인 것 같아

It looks like...

어떤 상황을 추측하거나 설명할 때 It looks like... 패턴을 사용할 수 있습니다. 뒤에는 '명사'와 '주어+동사' 모두 올 수 있습니다. looks에 강세를 강하게 주면서 말해 주세요.

Step 1 패턴 익히기 mp3를 들으며 큰 소리로 따라 해 보세요.

새 집인 것 같아요.

It looks like a new house.

모조품인 것 같아.

It looks like an imitation. ▶ imitation 모조품, 모방

내가 실수를 한 것 같아.

It looks like I made a mistake.

나 감기 걸린 것 같아.

It looks like I caught a cold.

'감기'는 cold, '독감'은 flu예요.

그가 널 사랑하는 것 같아.

It looks like he loves you.

Speaking Tip

look like는 무언가를 보고 말하는 거라면, '~처럼 들리는데, 들어 보니 ~인 것 같아'라는 의미의 sound like도 있습니다. 어떤 얘기를 듣고 '그거 괜찮은 아이디어 같다!'라고 말할 때는 It sounds like a good idea!라고 할 수 있습니다.

1 새 집인 것 같아요.

2 모조품인 것 같아.

3 내가 실수를 한 것 같아.

4 나 감기 걸린 것 같아.

5 그가 널 사랑하는 것 같아.

Step 3 실제 대화로 감 잡기 우리말 부분을 영어로 떠올리며 대화를 익혀 보세요.

>>> 선물을 받은 친구와 이야기할 때

A I got a present from James.

B 그가 널 사랑하는 것 같아.

A No way. It's not like that.

A 제임스에게 선물을 받았어.

B It looks like he loves you.

A 말도 안 돼. 그런 거 아니야.

▶ present 선물

159

PART 3

무엇이든 물어보는

의문사 패턴

PART 3 무엇이든 물어보는 **의문사 패턴**

Unit 10

Who & Why

~는 누구예요?

Who is your...?

상대방과 관련이 있는 사람을 물어볼 때 Who is your...? 패턴을 사용할 수 있습니다. 뒤에는 누구인지 물어보고 싶은 사람을 이어서 말해 주면 됩니다.

061

 Step 1 패턴 익히기 mp3를 들으며 큰 소리로 따라 해 보세요.

가장 친한 친구는 누구야?

Who is your best friend?

당신의 롤 모델은 누구예요?

Who is your role model? ▸ role model 모범이 되는 사람

당신의 멘토는 누구예요?

Who is your mentor? ▸ mentor 멘토 (조언과 도움을 주는 선배)

가장 좋아하는 작가는 누구예요?

Who's your favorite writer?★ ▸ favorite 가장 좋아하는

가장 좋아하는 한국 가수는 누구예요?

Who's your favorite Korean singer?

 Speaking Tip

Who is your favorite...?는 관심사에 대해 이야기를 나눌 수 있는 질문이기 때문에 외국인과 처음 만나 대화를 이어갈 때 정말 유용한 표현입니다. movie star(영화배우), baseball player(야구 선수), actor or actress(배우) 등의 표현도 넣어서 연습해 보세요.

1 가장 친한 친구는 누구야?

2 당신의 롤 모델은 누구예요?

3 당신의 멘토는 누구예요?

4 가장 좋아하는 작가는 누구예요?

5 가장 좋아하는 한국 가수는 누구예요?

Step 3 실제 대화로 감 잡기 우리말 부분을 영어로 떠올리며 대화를 익혀 보세요.

>>> 롤 모델이 누구인지 물을 때

A 당신의 롤 모델은 누구예요?

B **Steve Jobs is my role model.**

A **I know him. He's a good role model.**

A Who is your role model?

B 스티브 잡스가 저의 롤 모델이죠.

A 저 그분 알아요. 좋은 롤 모델이에요.

~하고 싶은 사람?

Who wants to…?

어떤 일을 하고 싶은 사람이 있는지 물을 때 Who wants to…? 패턴을 사용할 수 있습니다. to 다음에는 동사원형이 나온다는 것도 함께 기억해 주세요.

 Step 1 패턴 익히기   mp3를 들으며 큰 소리로 따라 해 보세요.

누구부터 시작할래?

Who wants to **start**?

도전할 사람?

Who wants to **try**?

나랑 함께하고 싶은 사람?

Who wants to **join me**?

누구 낚시하러 갈 사람?

Who wants to **go fishing**?

맥주 마실 사람?

Who wants to **get some beer**?

 Speaking Tip

Who wants to…? 패턴은 '설마 ~하고 싶은 사람이 있겠어?'라는 의미로도 사용될 수 있습니다. 가령 Who wants to know? 하면 '누가 알고 싶대?', '알아서 뭐해?'의 뜻이죠. 이때는 Who를 강조해서 읽고 의문문이지만 끝은 올리지 않습니다.

1 누구부터 시작할래?

2 도전할 사람?

3 나랑 함께하고 싶은 사람?

4 누구 낚시하러 갈 사람?

5 맥주 마실 사람?

Step 3 실제 대화로 감 잡기 우리말 부분을 영어로 떠올리며 대화를 익혀 보세요.

>>> 같이 장보러 갈 사람을 찾을 때

A I'm going to the mart. 같이 갈 사람?

B Me! But I haven't taken a shower yet.

A Then let's leave in half an hour.

A 나 마트 갈 건데. Who wants to join me?

B 나! 근데 나 아직 안 씻었는데.

A 그럼 30분 후에 출발하자.

▶ yet 아직 half an hour 30분

167

회화패턴

누가 ~할 거예요?

Who's going to...?

063

누가 어떤 일을 할 예정인지 물어볼 때 Who's going to...? 패턴을 사용할 수 있습니다. 회화에서는 흔히 Who's gonna...로 줄여서 씁니다.

🔊 **Step 1** **패턴 익히기** mp3를 들으며 큰 소리로 따라 해 보세요.

누가 **참석**할 거예요?

Who's going to **attend?** ▸ attend 참석하다

누가 **저녁 준비** 할 거야?

Who's going to **make dinner?**

누가 **먼저** 할 거야?

Who's gonna **go first?**

누가 **이걸 치울** 거예요?

Who's gonna **clean this up?**

누가 **그에게 말**할 거예요?

Who's gonna **tell him?**

 Speaking Tip

Who's gonna...?에서 gonna는 going to를 줄여서 쓰는 구어체 표현입니다. 발음은 [거너]에 가까워 [후즈거너]처럼 들립니다. 자연스럽게 발음할 수 있을 때까지 여러 번 연습해 보세요.

1 누가 참석할 거예요?

2 누가 저녁 준비 할 거야?

3 누가 먼저 할 거야?

4 누가 이걸 치울 거예요?

5 누가 그에게 말할 거예요?

Step 3   실제 대화로 감 잡기   우리말 부분을 영어로 떠올리며 대화를 익혀 보세요.

>>> 내일 있을 회의를 상기시키며

A   **Don't forget we have a meeting tomorrow.**

B   누가 참석하나요?

A   **I don't know yet. I think everyone will attend.**

A   내일 회의하는 거 잊지 마세요.

B   Who's going to attend?

A   아직은 모르겠어요. 다들 참석할 것 같아요.

▶ Don't forget 주어 + 동사 ~라는 것을 잊지 마세요

왜 이렇게 ~해요?

Why are you so...?

상대에게 지금 기분이 왜 그런지, 왜 그런 상태에 있는지 물어볼 때 Why are you so...? 패턴을 사용할 수 있습니다. so 다음에는 기분이나 상태를 나타내는 형용사를 써요.

 Step 1 패턴 익히기 mp3를 들으며 큰 소리로 따라 해 보세요.

왜 그렇게 **심각**해요?

Why are you so **serious**?

왜 이렇게 **나한테 잘**해 줘?

Why are you so **good to me**?

왜 이렇게 **조용**해?

Why are you so **quiet**?

오늘 왜 이렇게 **피곤해**해요?

Why are you so **tired today**?

요즘 왜 이렇게 **바빠**?

Why are you so **busy these days**?

 Speaking Tip

Why are you so...? 패턴에서 so는 '그렇게, 너무'라는 뜻으로, 뒤에 이어지는 형용사를 강조해 주는 역할을 하는데요. so에 강세를 주면서 말하면 더 자연스럽게 들립니다.

1 왜 그렇게 심각해요?

2 왜 이렇게 나한테 잘해 줘?

3 왜 이렇게 조용해?

4 오늘 왜 이렇게 피곤해해요?

5 요즘 왜 이렇게 바빠?

Step 3 실제 대화로 감 잡기 우리말 부분을 영어로 떠올리며 대화를 익혀 보세요.

>>> 피곤해 보이는 동료에게 이유를 물어볼 때

A   오늘 왜 이렇게 피곤해해요?

B   I didn't sleep much last night.

A   I think you should go to bed early tonight.

A   Why are you so tired today?

B   어젯밤에 잠을 많이 못 잤어요.

A   오늘 밤에는 일찍 자는 게 좋겠어요.

171

왜 ~해?

Why do you...?

065

왜 그런 행동을 하는지 물어볼 때 Why do you...? 패턴을 사용할 수 있습니다. 주로 상대방이 늘 하는 일이나 습관 등을 물어볼 때 쓸 수 있어요

 Step 1 패턴 익히기 mp3를 들으며 큰 소리로 따라 해 보세요.

왜 **물어봐**요?

Why do you **ask?**

왜 **그렇게 생각해**?

Why do you **think that?**

네가 왜 **신경 써**?

Why do you **care?**★

왜 **매일 일찍 일어나**?

Why do you **get up early every day?** ▶ get up 일어나다

왜 **저희 회사에서 일하고 싶으세**요?

Why do you **want to work here?**

 Speaking Tip

Why do you care?는 '네가 왜 신경을 쓰는데?', '네가 무슨 상관이야?'라는 뜻으로, 상대방이 관심을 가지지 않아도 될 일에 관심을 보일 때 쓰는 표현입니다.

172

1 왜 물어봐요?

2 왜 그렇게 생각해?

3 네가 왜 신경 써?

4 왜 매일 일찍 일어나?

5 왜 저희 회사에서 일하고 싶으세요?

💬 **Step 3** 실제 대화로 감 잡기 우리말 부분을 영어로 떠올리며 대화를 익혀 보세요.

>>> 동료가 아침에 일찍 일어난다고 할 때

A 왜 매일 일찍 일어나요?

B **I have English class in the morning.**

A **You're very diligent.**

A Why do you get up early every day?

B 아침에 영어 수업이 있거든요.

A 정말 부지런하시네요.

▶ early 일찍 diligent 부지런한

173

회화패턴

왜 ~라고 생각해?

Why do you think...?

066

상대방에게 어떤 이유로 그렇게 생각하는지 물어볼 때 Why do you think...? 패턴을 사용합니다. '왜 그렇게 생각하는 거야?'라고 억울한 마음을 표현할 때도 쓸 수 있습니다.

 Step 1 패턴 익히기 mp3를 들으며 큰 소리로 따라 해 보세요.

왜 **내가 거짓말을 했**다고 생각해?

Why do you think **I lied?**

왜 **그것이 흥미롭**다고 생각해요?

Why do you think **it is interesting?**

왜 **내가 긴장한**다고 생각해요?

Why do you think **I'm nervous?**

왜 **그 일이 일어났**다고 생각해?

Why do you think **that happened?** ▶ happen 일어나다, 발생하다

왜 **그게 대단하**다고 생각해?

Why do you think **that's great?**

 Speaking Tip

이 패턴에 '그렇게'라는 의미를 가진 so를 끝에 쓰면 Why do you think so?(왜 그렇게 생각하세요?)가 됩니다. 길게 얘기하기 힘들면 이렇게 간단히 말해 보세요.

174

1 왜 내가 거짓말을 했다고 생각해?

2 왜 그것이 흥미롭다고 생각해요?

3 왜 내가 긴장한다고 생각해요?

4 왜 그 일이 일어났다고 생각해?

5 왜 그게 대단하다고 생각해?

Step 3 실제 대화로 감 잡기 우리말 부분을 영어로 떠올리며 대화를 익혀 보세요.

>>> 친구에게 거짓말을 했다고 다그칠 때

A **You lied to me, didn't you?**

B 왜 내가 거짓말을 했다고 생각해?

A **I can tell when you're lying.**

A 너 나한테 거짓말했지, 그렇지?

B Why do you think I lied?

A 넌 거짓말하면 티가 나.

▶ tell 구분하다, 알다

회화 패턴

~하는 게 어때요?

Why don't you...?

뭔가를 제안할 때 Why don't you...? 패턴을 사용할 수 있습니다. Why don't you 는 직역하면 '왜 ~하지 않니?'라는 뜻이지만, 실제로는 '~하는 게 어때?'라고 권유하는 표현이 됩니다.

067

🔊 **Step 1** 패턴 익히기 　mp3를 들으며 큰 소리로 따라 해 보세요.

그녀에게 **물어보**는 게 어때요?

Why don't you **ask her?**

돌아오는 게 어때?

Why don't you **come back?** ▸ come back 돌아오다

지하철을 **타**는 게 어때요?

Why don't you **take the subway?** ▸ take the subway 지하철을 타다

일찍 **자**는 게 어때?

Why don't you **go to bed early?**

이쪽으로 **오지** 그래?

Why don't you **come over?**

 Speaking Tip

Why don't you가 회화에서 발음될 때는 [와이 돈트 유]가 아니라 [와이돈유], [와이돈츄] 또는 d-가 빠르게 발음되면서 /r/ 소리에 가깝게 변해 [와론츄], [와룬츄]에 가깝게 들리기도 합니다. don't를 [돈트]처럼 '트' 소리를 강하게 소리 내지 않도록 주의하세요.

176

1 그녀에게 물어보는 게 어때요?

2 돌아오는 게 어때?

3 지하철을 타는 게 어때요?

4 일찍 자는 게 어때?

5 이쪽으로 오지 그래?

Step 3 실제 대화로 감 잡기 우리말 부분을 영어로 떠올리며 대화를 익혀 보세요.

>>> 출근길이 막혀 있을 때

A **I'm stuck in traffic.**

B 지하철을 타는 게 어때요?

A **It's okay. I don't have to go to work early today.**

A 차가 막혀서 꼼짝할 수가 없어요.

B Why don't you take the subway?

A 괜찮아요. 오늘은 일찍 출근하지 않아도 돼요.

▶ be stuck in ~로 꼼짝 못하다 traffic 교통, 교통체증(= traffic jam)

·회화패턴·

068

왜 ~하지 않았어요?

Why didn't you...?

왜 하지 않았는지 물어볼 때 Why didn't you...? 패턴을 사용합니다. 그냥 이유를 물어볼 때뿐만 아니라 비난하거나 책망하는 느낌으로도 쓸 수 있습니다.

Step 1 **패턴 익히기** mp3를 들으며 큰 소리로 따라 해 보세요.

왜 **저에게 말**하지 않았어요?

Why didn't you **tell me?**

왜 **저에게 전화**하지 않았어요?

Why didn't you **call me?**

왜 **그렇게 말**하지 않았어?

Why didn't you **say so?**

왜 **진작 깨우지** 않았어?

Why didn't you **wake me up earlier?**

> earlier는 early의 비교급으로 '더 빨리'의 뜻이에요.

왜 **제 충고를 따르지** 않았어요?

Why didn't you **follow my advice?** ▶ advice 충고, 조언

Speaking Tip

Why didn't you의 실제 발음은 [와이 디든트 유]가 아니라 [와이디든(ㅌ)유], [와이디든츄], [와이리른츄]에 가깝게 들립니다. didn't를 [디든트]처럼 '트' 소리를 강하게 소리 내지 않도록 주의하세요.

1 왜 저에게 말하지 않았어요?

2 왜 저에게 전화하지 않았어요?

3 왜 그렇게 말하지 않았어?

4 왜 진작 깨우지 않았어?

5 왜 제 충고를 따르지 않았어요?

Step 3 실제 대화로 감 잡기 우리말 부분을 영어로 떠올리며 대화를 익혀 보세요.

>>> 엄마가 출근하는 아들을 깨울 때

A Wake up! You're going to be late for work today.

B **What?** 왜 진작 깨우지 않았어요?

A I did. This is the third time I've woken you up.

A 일어나! 오늘 회사에 지각하겠다.

B 뭐라고요? Why didn't you wake me up earlier?

A 깨웠지. 이번이 세 번째 깨우는 거야.

▶ late for ~에 늦은, 지각한 the third time 세 번째

179

PART 3   무엇이든 물어보는 **의문사 패턴**

Unit 11

When & Where

언제 ~하세요?

When do you...?

069

일상에서 반복적으로 하는 행동이나 습관을 언제 하는지 물어볼 때 When do you...? 패턴을 사용할 수 있습니다. you 다음에는 동사원형이 나온다는 것을 기억해 주세요.

 Step 1 패턴 익히기   mp3를 들으며 큰 소리로 따라 해 보세요.

언제 **일어나**세요?

When do you **get up?**★

언제 **저녁을 먹어**?

When do you **have dinner?**

> When 대신에 What time을 쓰면 구체적인 시간을 물을 수 있어요.

언제 **학교에 가**?

When do you **go to school?**

언제 **수업이 끝나**세요?

When do you **finish your class?**   ▶ finish 끝내다, 마치다

언제 **가게를 열어**요?

When do you **open the store?**

 Speaking Tip

대답할 때 특정한 시간을 콕 집어서 말하는 경우, 전치사 at을 사용할 수 있습니다. 예를 들어서 '저는 7시에 일어납니다.'는 I get up at 7.이라고 말해 주면 됩니다.

1 언제 일어나세요?

2 언제 저녁을 먹어?

3 언제 학교에 가?

4 언제 수업이 끝나세요?

5 언제 가게를 열어요?

>>> 저녁 식사 시간을 물어볼 때

A 언제 저녁을 먹어요?

B I have dinner around 6 p.m.

A So do I. Let's have dinner together next time.

A When do you have dinner?

B 저는 6시쯤에 저녁을 먹어요.

A 저도 그래요. 다음에 같이 저녁 먹어요.

▸ around ~ 쯤에   So do I. 나도 그래요.

언제 ~했어요?

When did you…?

070

언제 했는지 물어볼 때 When did you…? 패턴을 사용할 수 있습니다. 앞서 익힌 When do you…?에서 do 대신 과거형 did를 쓰면 됩니다.

 Step 1 패턴 익히기   mp3를 들으며 큰 소리로 따라 해 보세요.

언제 **그만뒀**어?

When did you quit?*

언제 **영어를 배우기 시작**했어요?

When did you start learning English?

언제 **결혼**했어요?

When did you get married? ▸ get married 결혼하다

언제 **돌아왔**어?

When did you get back? ▸ get back 돌아오다

언제 그 **차를 샀**어요?

When did you buy the car?

 Speaking Tip

대답할 때 '~ 전에'라는 말은 ago를 사용하면 됩니다. 예를 들어서 '2주 전에 그만뒀어요.'는 I quit two weeks ago.라고 말하면 됩니다.

1 언제 그만뒀어?

2 언제 영어를 배우기 시작했어요?

3 언제 결혼했어요?

4 언제 돌아왔어?

5 언제 그 차를 샀어요?

💬 **Step 3** 실제 대화로 감 잡기   우리말 부분을 영어로 떠올리며 대화를 익혀 보세요.

>>> 동료의 새 차를 보았을 때

A   언제 그 차를 샀어요?

B   I bought this car a month ago.

A   It's so cool. I want to buy a car like this.

A   When did you buy the car?

B   이 차를 한 달 전에 샀어요.

A   너무 멋있네요. 저도 이런 차를 사고 싶어요.

▶ cool 멋진   like ~같은

● 회화 패턴 ●

071

마지막으로 ~했던 게 언제죠?

When was the last time…?

마지막으로 무언가를 했던 게 언제인지 물을 때 When was the last time…? 패턴
을 쓸 수 있습니다. 과거의 일을 물어보는 것이니 과거 동사를 쓰는 것도 기억해 주세요.

 Step 1 패턴 익히기 mp3를 들으며 큰 소리로 따라 해 보세요.

마지막으로 **그녀를 본** 게 언제죠?

When was the last time you saw her?★

마지막으로 **술을 마신** 게 언제야?

When was the last time you drank? ▶ drink 마시다, 술을 마시다

마지막으로 **머리 자른** 게 언제야?

When was the last time you had your hair cut?

마지막으로 **머리를 감은** 게 언제야?

When was the last time you washed your hair?

마지막으로 **영화 보러 간** 게 언제예요?

When was the last time you went to the movies?

 Speaking Tip

대답할 때는 지난달(last month), 어제(yesterday), 3일 전(3 days ago) 등의 과거 표현을 씁니
다. 예를 들어서 '그녀를 3일 전에 봤어요.'는 영어로 I saw her 3 days ago. 또는 '3일 전이요.'처럼
Three days ago.라고 간단히 말하면 됩니다.

186

1 마지막으로 그녀를 본 게 언제죠?

2 마지막으로 술을 마신 게 언제야?

3 마지막으로 머리 자른 게 언제야?

4 마지막으로 머리를 감은 게 언제야?

5 마지막으로 영화 보러 간 게 언제예요?

Step 3 실제 대화로 감 잡기 우리말 부분을 영어로 떠올리며 대화를 익혀 보세요.

>>> 동생 머리에서 안 좋은 냄새가 날 때

A 마지막으로 머리를 감은 게 언제야?

B **I washed my hair yesterday.**

A **It smells weird. I think you should wash your hair every day.**

A When was the last time you washed your hair?

B 어제 머리 감았는데.

A 이상한 냄새가 나. 매일 감아야겠다.

▶ It smells ~한 냄새가 나다 weird 이상한, 기묘한

~는 어디에 있어요?

Where is...?

찾는 대상이 어디에 있는지 물어볼 때 Where is...? 패턴을 사용할 수 있습니다. 사람이나 물건, 장소 등 다양한 것들이 뒤에 나올 수 있습니다. 회화에서는 Where's...?라고 줄여서 말하기도 합니다.

 Step 1 패턴 익히기   mp3를 들으며 큰 소리로 따라 해 보세요.

어머니는 어디에 계세요?

Where is your mother?

버스 정류장은 어디에 있어요?

Where is the bus stop?

화장실은 어디에 있어?

Where's the restroom?

리모컨은 어디에 있어?

Where's the remote control? ▸ remote control 리모컨

가장 가까운 편의점은 어디에 있나요?

Where's the nearest convenience store?

 Speaking Tip

길을 알려 줄 때는 go straight(직진하다), turn right/left (우회전/좌회전하다) 등 쉬운 영어 표현을 활용해 보세요. ex) Go straight and then turn left at the traffic light.(직진해서 신호등에서 좌회전하세요.)

1 어머니는 어디에 계세요?

2 버스 정류장은 어디에 있어요?

3 화장실은 어디에 있어?

4 리모컨은 어디에 있어?

5 가장 가까운 편의점은 어디에 있나요?

💬 **Step 3** 실제 대화로 감 잡기 우리말 부분을 영어로 떠올리며 대화를 익혀 보세요.

≫≫ 낯선 이에게 길을 물을 때

A **Excuse me.** 가장 가까운 편의점은 어디에 있나요?

B **Just go straight this way.**

A **Thank you.**

A 실례합니다. Where's the nearest convenience store?

B 이쪽으로 쭉 가시면 됩니다.

A 감사합니다.

▶ go straight 곧장 가다

 회화 패턴

어디서 ~하세요?

Where do you...?

073

어떤 행동을 하는 장소가 어디인지 궁금할 때 Where do you...? 패턴을 사용할 수 있습니다. 평소에 늘 하는 행위를 어디에서 하는지 물을 때 쓰면 됩니다.

Step 1 패턴 익히기   mp3를 들으며 큰 소리로 따라 해 보세요.

어디 **살아**?

Where do you **live?**

어디서 **일하세요**?

Where do you **work?**

어디서 **운동**하니?

Where do you **work out?** ▶ work out 운동하다

어디에서 **왔**어요?

Where do you **come from?** 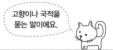 고향이나 국적을 묻는 말이에요.

어느 **학교 다녀**?

Where do you **go to school?**★

 Speaking Tip

Where do you go to school?의 과거형인 Where did you go to school?은 '어느 학교 나왔어?'라고 출신 학교를 묻는 말입니다. 대답은 I went to Seoul High School.(나 서울고등학교 나왔어.)처럼 하면 됩니다.

1 어디 살아?

2 어디서 일하세요?

3 어디서 운동하니?

4 어디에서 왔어요?

5 어느 학교 다녀?

💬 Step 3 실제 대화로 감 잡기 우리말 부분을 영어로 떠올리며 대화를 익혀 보세요.

>>> 어디에서 사는지 물을 때

A 어디 사세요?

B I live in Seoul.

A I want to live in Seoul if I get the chance.

A Where do you live?

B 저는 서울에 살아요.

A 저도 기회가 된다면 서울에서 살고 싶어요.

▶ get the chance 기회를 잡다

074

어디서 ~했어요?

Where did you...?

어디에서 어떤 행동을 했는지 물어볼 때 Where did you...? 패턴을 사용할 수 있습니다. 뒤에는 동사원형이 이어집니다.

 Step 1 패턴 익히기 mp3를 들으며 큰 소리로 따라 해 보세요.

어디 갔었어?

Where did you **go?**

어디서 그 소문을 들었어?

Where did you **hear that rumor?** ▸ rumor 소문, 풍문

그 원피스 어디서 샀어?

Where did you **buy that dress?**

차는 어디에 주차했어요?

Where did you **park your car?** ▸ park 주차하다

우산을 어디에 두고 왔어요?

Where did you **leave your umbrella?** ▸ leave 두다, 놓고 오다

 Speaking Tip

at home(집에), on the desk(책상 위에), in my car(차 안에) 등 다양한 위치 표현을 활용해서 질문에 대답해 보세요.

192

1 어디 갔었어?

2 어디서 그 소문을 들었어?

3 그 원피스 어디서 샀어?

4 차는 어디에 주차했어요?

5 우산을 어디에 두고 왔어요?

💬 **Step 3** 실제 대화로 감 잡기 우리말 부분을 영어로 떠올리며 대화를 익혀 보세요.

>>> 비가 오는데 우산이 없는 동료에게

A 우산을 어디에 두고 왔어요?

B **I left my umbrella on my office desk.**

A **It's okay. Let's share my umbrella.**

A Where did you leave your umbrella?

B 우산을 사무실 책상 위에 두고 왔어요.

A 괜찮아요. 제 우산 같이 써요.

  ▶ leave(두고 오다)의 과거형은 left예요. share 함께 쓰다

어디서 ~할 수 있어요?

Where can I...?

075

어디에서 할 수 있는지 물어볼 때 Where can I...? 패턴을 사용할 수 있습니다. '어디서 ~할 수 있어요?, 어디서 ~해도 되나요?'라는 의미로 쓰여요. 동사원형이 이어지는 것도 기억해 주세요.

 Step 1 패턴 익히기 mp3를 들으며 큰 소리로 따라 해 보세요.

어디서 **이거 입어 볼** 수 있어요?

Where can I try this on? ▶ try on 입어 보다, 착용해 보다

어디서 **지도를 구**할 수 있어요?

Where can I get a map?

어디서 **택시를 탈** 수 있어요?

Where can I take a taxi?

어디서 **손을 씻**을 수 있어요?

Where can I wash my hands?★

어디서 **핸드폰 충전**을 할 수 있어요?

Where can I charge my cellphone? ▶ charge 충전하다

 Speaking Tip

Where can I...? 패턴은 Where is...? 패턴과 바꿔 쓸 수도 있습니다. 예를 들어서 Where can I wash my hands?는 Where is the restroom?(화장실은 어디 있어요?)이라고 해도 좋습니다.

1 어디서 이거 입어 볼 수 있어요? 🎤

2 어디서 지도를 구할 수 있어요? 🎤

3 어디서 택시를 탈 수 있어요? 🎤

4 어디서 손을 씻을 수 있어요? 🎤

5 어디서 핸드폰 충전을 할 수 있어요? 🎤

Step 3 실제 대화로 감 잡기 우리말 부분을 영어로 떠올리며 대화를 익혀 보세요.

>>> 옷 가게에서 옷을 고를 때

A **Try it on to see if it fits.**

B 어디서 입어 볼 수 있어요?

A **The dressing rooms are over there.**

A 맞는지 한 번 입어 보세요.

B **Where can I try this on?**

A 탈의실은 저쪽에 있습니다.

▶ see if... ~인지 알아보다 fit 맞다 dressing room 탈의실

PART 3 무엇이든 물어보는 **의문사 패턴**

Unit 12

What

회화패턴

076

~는 어때요?

What about...?

상대방의 생각을 묻거나 무언가를 제안할 때 What about...? 패턴을 사용할 수 있습니다. What do you think about...?을 줄인 표현으로, about 다음에는 '명사' 또는 '동사+-ing'의 동명사를 씁니다.

 Step 1 패턴 익히기 mp3를 들으며 큰 소리로 따라 해 보세요.

당신은 어때요?

What about you?

내일은 어때요?

What about tomorrow?

영화 보러 가는 건 어때?

What about going to see a movie?

좀 쉬는 건 어때?

What about taking a break? ▶ take a break 쉬다

저랑 저녁 먹는 건 어때요?

What about having dinner with me?

 Speaking Tip

What about...?은 문제를 제기할 때도 사용할 수 있습니다. 누가 시험 직전 주말에 놀러 가자고 하면 이렇게 말할 수 있습니다. What about the exam on Monday?(월요일 시험은 어쩌고?)

198

1 당신은 어때요?

2 내일은 어때요?

3 영화 보러 가는 건 어때?

4 좀 쉬는 건 어때?

5 저랑 저녁 먹는 건 어때요?

Step 3 실제 대화로 감 잡기 우리말 부분을 영어로 떠올리며 대화를 익혀 보세요.

>>> 컨디션이 안 좋은 친구에게 쉬라고 권할 때

A I'm not feeling well today.

B 좀 쉬는 건 어때?

A I can't. I have to finish my homework by tomorrow.

A 오늘 몸이 좋지가 않아.

B What about taking a break?

A 그럴 수 없어. 내일까지 숙제를 끝내야 하거든.

▶ by ~까지

어떤 종류의 ~?

What kind of...?

어떤 종류인지 물을 때 What kind of...? 패턴을 사용할 수 있습니다. kind는 '종류, 유형'을 뜻해요. 상대방의 관심사를 물어볼 때 이 표현을 활용해 보세요.

Step 1 패턴 익히기   mp3를 들으며 큰 소리로 따라 해 보세요.

어떤 종류의 **영화**를 좋아해?

What kind of movies do you like?★

어떤 종류의 **음악**을 좋아하나요?

What kind of music are you into?   ▶ be into ~을 좋아하다

어떤 **커피**를 원하세요?

What kind of coffee do you want?

어떤 **문제**가 있나요?

What kind of problem do you have?

어떤 종류의 **원피스**를 찾으시나요?

What kind of dress are you looking for?

Speaking Tip

kind of를 빨리 말하면 kinda[카인더]가 됩니다. 구어체에서 많이 쓰이니 함께 알아두세요. What kind of movies do you like? = What kinda movies do you like?

우리말을 보고 영어로 말하기 5초 안에 말하도록 도전해 보세요.

1 어떤 종류의 영화를 좋아해?

2 어떤 종류의 음악을 좋아하나요?

3 어떤 커피를 원하세요?

4 어떤 문제가 있나요?

5 어떤 종류의 원피스를 찾으시나요?

Step 3 실제 대화로 감 잡기 우리말 부분을 영어로 떠올리며 대화를 익혀 보세요.

>>> 어떤 음악을 좋아하는지 물을 때

A 어떤 종류의 음악을 좋아하나요?

B I like K-pop music. BTS is my favorite group.

A I like them, too. BTS is popular all over the world.

A What kind of music are you into?

B 저는 K팝을 좋아해요. BTS를 가장 좋아하죠.

A 저도 좋아해요. BTS는 전 세계적으로 인기가 있죠.

▶ favorite 가장 좋아하는 것(사람) all over the world 전 세계에

● 회화패턴 ●

078

왜 ~하나요?

What makes you...?

상대방이 왜 그렇게 하는지 원인이나 동기를 물어볼 때 What makes you...? 패턴을 사용할 수 있습니다. 'What(무엇이) + makes(~하게 만들다) + you(당신을) + 행동(동사원형) 또는 상태(형용사)'의 구조입니다.

 Step 1 패턴 익히기   mp3를 들으며 큰 소리로 따라 해 보세요.

왜 그렇게 생각해?

What makes you think that?

왜 그렇게 말하는 거니?

What makes you say that?

왜 우울해하나요?

What makes you depressed?

왜 그렇게 열심히 일해?

What makes you work so hard?

왜 그렇게 확신하는 거야?

What makes you so sure?

 Speaking Tip

What makes you...? 패턴의 경우 Why를 써서 물어보는 것보다 행동이나 상태에 대한 구체적인 동기나 원인을 묻는 느낌을 줍니다.

우리말을 보고 영어로 말하기 5초 안에 말하도록 도전해 보세요.

1 왜 그렇게 생각해?

2 왜 그렇게 말하는 거니?

3 왜 우울해하나요?

4 왜 그렇게 열심히 일해?

5 왜 그렇게 확신하는 거야?

Step 3 **실제 대화로 감 잡기** 우리말 부분을 영어로 떠올리며 대화를 익혀 보세요.

>>> 동료 얼굴이 울그락불그락할 때

A **You look angry. What's the matter?**

B **No, I'm not.** 왜 그렇게 생각해?

A **Well, your face turned red.**

A 너 화가 나 보이는데. 무슨 일 있어?

B 아니, 화 안 났어. What makes you think that?

A 글쎄, 네 얼굴이 빨개졌거든.

▶ turn red 빨개지다

203

~하면 어쩌지?

What if...?

What if...?는 What will/would happen if...?의 줄임말로, 이런저런 상황을 가정하며 걱정하거나 불안한 마음을 표현하는 패턴입니다. 뒤에는 '주어+동사'의 절이 옵니다.

 Step 1 **패턴 익히기** mp3를 들으며 큰 소리로 따라 해 보세요.

그게 사실이면 어쩌지?

What if it's true?

만약 네가 틀렸다면?

What if you're wrong?

그가 날 좋아하지 않으면 어쩌지?

What if he doesn't like me?

내일 비 오면 어쩌죠?

What if it rains tomorrow?

회의에서 제가 실수하면 어쩌죠?

What if I make a mistake at the meeting?

 Speaking Tip

What if 뒤에 현재 시제를 쓰면 '실제 일어날 수도 있는 상황에 대한 가정'을, 과거 시제를 쓰면 '가능성이 떨어지는 상황에 대한 가정'을 나타냅니다. ex) What if the Earth was flat?(만약 지구가 평평하다면?)

1 그게 사실이면 어쩌지?

2 만약 네가 틀렸다면?

3 그가 날 좋아하지 않으면 어쩌지?

4 내일 비가 오면 어쩌죠?

5 회의에서 제가 실수하면 어쩌죠?

Step 3 실제 대화로 감 잡기 우리말 부분을 영어로 떠올리며 대화를 익혀 보세요.

>>> 야유회 가는 친구와 이야기할 때

A I'm going on a picnic tomorrow. I'm excited!

B I heard the weather will be really bad.

A **Really?** 내일 비 오면 어쩌지?

A 나 내일 야유회 가. 신난다!

B 날씨가 아주 안 좋을 거라던데.

A 정말? What if it rains tomorrow?

▶ go on a picnic 소풍 가다, 야유회를 가다

~에 무슨 일이 생긴 거야?

What happened to...?

어떤 사람이나 사물에 무슨 일이 생겼는지 물을 때 What happened to...? 패턴을
사용할 수 있습니다. to 다음에는 물어보는 대상을 명사로 쓰면 됩니다.

 Step 1 **패턴 익히기** mp3를 들으며 큰 소리로 따라 해 보세요.

너한테 무슨 일이 생긴 거야?

What happened to you?

그에게 무슨 일이 생긴 거예요?

What happened to him?

네 **머리** 어떻게 된 거야?

What happened to your hair?★

네 **남동생**한테 무슨 일 생겼어?

What happened to your brother?

네 **다리** 왜 그래?

What happened to your leg?

 Speaking Tip

What happened to...?에는 걱정과 놀라운 마음이 담겨 있습니다. 갑자기 무지개 색깔로 머리를 염색
한 친구가 있다면 한번 써 보세요. What happened to you?. What happened to your hair?

1 너한테 무슨 일이 생긴 거야?   🎤

2 그에게 무슨 일이 생긴 거예요?   🎤

3 네 머리 어떻게 된 거야?   🎤

4 네 남동생한테 무슨 일 생겼어?   🎤

5 네 다리 왜 그래?   🎤

💬 **Step 3** 실제 대화로 감 잡기   우리말 부분을 영어로 떠올리며 대화를 익혀 보세요.

》》》 친구가 다리에 깁스를 하고 나타났을 때

A   네 다리 왜 그래?

B   **I fell off my bike and broke my leg.**

A   **That's too bad! I hope you get better soon.**

A   What happened to your leg?

B   자전거에서 떨어져서 다리가 부러졌어.

A   이런! 빨리 낫기를 바라.

▶ fall off 넘어지다, 떨어지다   get better 좋아지다, 호전되다

무엇을 ~할 거야?

What are you going to...?

상대방이 무엇을 할 예정인지 물어볼 때 What are you going to...? 패턴을 사용할 수 있습니다. be going to...(~할 것이다)를 써서 계획이나 예정된 일을 묻는 유용한 표현입니다.

 Step 1 패턴 익히기   mp3를 들으며 큰 소리로 따라 해 보세요.

뭐 할 거야?

What are you going to do?

뭐 살 거야?

What are you going to buy?

이번 주말에 뭐 할 거야?

What are you going to do this weekend?

이번 학기에 뭐 들을 거야?

What are you going to take this semester? ▶ semester 학기

뭐 입을 거야?

What are you going to wear?★

 Speaking Tip

이 질문에 대한 대답은 I'm going to...(~할 거야) 패턴을 사용해 주시면 됩니다. ex) I'm going to wear a blue dress.(파란색 원피스를 입을 거야.)

1 뭐 할 거야?

2 뭐 살 거야?

3 이번 주말에 뭐 할 거야?

4 이번 학기에 뭐 들을 거야?

5 뭐 입을 거야?

💬 **Step 3** 실제 대화로 감 잡기 우리말 부분을 영어로 떠올리며 대화를 익혀 보세요.

》》》 쇼핑하러 가자고 할 때

A It's payday today. Let's go to the mall!

B 뭐 살 거야?

A Um... I'm thinking of buying a winter coat.

A 오늘 월급날이야. 쇼핑몰에 가자!

B What are you going to buy?

A 음… 겨울 코트를 살까 생각 중이야.

▶ payday 급여일, 월급날

회화패턴

무엇을 ～해야 할까?

What should I...?

What should I...?는 내가 어떤 행동을 하면 좋을지 묻는 패턴으로, 어떤 상황이나 문제에 대해 상대방에게 조언을 구할 때 유용한 표현입니다.

 Step 1 패턴 익히기   mp3를 들으며 큰 소리로 따라 해 보세요.

나 어떻게 **하지**?

What should I do?

내가 **뭐라고** 해야 하지?

What should I say?

뭘 **입으**면 좋을까?

What should I wear?

뭘 **가져갈**까요?

What should I bring?

뭘 준비해 가면 좋을지 묻는 질문입니다.

당신을 어떻게 **불러** 드릴까요?

What should I call you?★   ▶ call A B A를 B라고 부르다

 Speaking Tip

What should I call you?는 상대방에게 호칭을 어떻게 하면 될지를 묻는 표현으로, How should I address you?라고도 합니다. 대답할 때는 Please call me Steve.(스티브라고 불러 주세요) 식으로 말하면 됩니다.

1 나 어떻게 하지?

2 내가 뭐라고 해야 하지?

3 뭘 입으면 좋을까?

4 뭘 가져갈까요?

5 당신을 어떻게 불러 드릴까요?

💬 **Step 3** 실제 대화로 감 잡기 우리말 부분을 영어로 떠올리며 대화를 익혀 보세요.

>>> 결혼식에 가는 친구와 이야기할 때

A I'm going to a wedding this Saturday.

B I'm going, too. 뭘 입으면 좋을까?

A Why don't you wear a suit?

A 이번 주 토요일에 결혼식에 갈 거야.

B 나도 가는데. What should I wear?

A 정장을 입는 게 어때?

▶ wedding 결혼식(= wedding ceremony) suit 정장, 양복

211

~에 대해 뭘 알고 있어?

What do you know about...?

083

어떤 대상에 대해서 상대가 무엇을 알고 있는지 궁금할 때 What do you know about...? 패턴을 사용할 수 있습니다. about 뒤에 해당 대상을 넣어서 문장을 완성해 보세요.

🔊 **Step 1** 패턴 익히기   mp3를 들으며 큰 소리로 따라 해 보세요.

나에 대해서 뭘 알고 있는 거야?

What do you know about me?

우리 회사에 대해 무엇을 알고 있습니까?

What do you know about our company?

영어 면접에 자주 등장하는 질문입니다.

진정한 사랑에 대해서 네가 뭘 알아?

What do you know about true love?★

이 장소를 잘 알아?

What do you know about this place?

골프에 대해서 좀 아십니까?

What do you know about golf?★

 Speaking Tip

말투에 따라서 비꼬는 듯한 표현이 될 수도 있습니다. 같은 What do you know about golf?도 '네가 골프에 대해서 뭘 알아?'라고 무시하는 느낌으로 말할 수 있는데요. 이럴 때는 표정이나 강세도 조금 바뀝니다.

1 나에 대해서 뭘 알고 있는 거야?

2 우리 회사에 대해 무엇을 알고 있습니까?

3 진정한 사랑에 대해서 네가 뭘 알아?

4 이 장소를 잘 알아?

5 골프에 대해서 좀 아십니까?

💬 **Step 3** 실제 대화로 감 잡기 우리말 부분을 영어로 떠올리며 대화를 익혀 보세요.

››› 어떤 장소에 대해 얘기할 때

A It's been a long time since I came here.

B 이 장소를 잘 알아?

A I used to play here when I was young.

A 여기 오랜만에 왔어.

B What do you know about this place?

A 어렸을 때 여기서 놀곤 했어.

▶ used to ~하곤 했다

PART 3 무엇이든 물어보는 **의문사 패턴**

Unit 13

How

회화패턴

~하는 게 어때?

How about...?

084

상대방의 의견을 묻거나 무언가를 제안할 때 How about...? 패턴을 사용할 수 있습니다. How about...?은 How do you feel about...?(~에 대해 어떻게 생각하세요?)를 줄인 표현입니다.

 Step 1 패턴 익히기 mp3를 들으며 큰 소리로 따라 해 보세요.

너는 어때?

How about you?★

이번 주말은 어때?

How about this weekend?

같이 점심 먹는 건 어때요?

How about having lunch together?

산책하러 가는 건 어때?

How about going for a walk? ▸ go for a walk 산책하다

박물관에 가는 건 어때요?

How about going to the museum? ▸ museum 박물관

 Speaking Tip

How about...?과 What about...?은 둘 다 제안이나 권유할 때 사용되는 표현인데, What about...?은 '~는 어쩌고요?, ~는 어떻게 하나요?'라는 잠재적인 문제 제기의 의미도 있어 차이가 있습니다.

1 너는 어때?

2 이번 주말은 어때?

3 같이 점심 먹는 건 어때요?

4 산책하러 가는 건 어때?

5 박물관에 가는 건 어때요?

Step 3 실제 대화로 감 잡기 우리말 부분을 영어로 떠올리며 대화를 익혀 보세요.

>>> 산책하러 가자고 할 때

A **The weather is so nice.** 산책하러 가는 게 어때?

B **I'd love to, but my legs are killing me.**

A **All right then. Maybe next time.**

A 날씨가 너무 좋다. How about going for a walk?

B 그리고 싶은데, 다리가 너무 아파.

A 그럼 어쩔 수 없지. 다음에 같이 가자.

▶ all right 괜찮은, 좋은   kill 아파 죽겠다

~는 어땠어요?

How was...?

085

과거에 있었던 일이 어땠는지 소감을 물을 때 How was...? 패턴을 사용할 수 있습니다. 여행을 다녀온 상대에게 '어땠어?' 하고 묻는 것이죠. 대화를 시작하기에 좋은 표현입니다.

 Step 1 패턴 익히기   mp3를 들으며 큰 소리로 따라 해 보세요.

오늘 하루는 어땠어요?

How was **your day?**★

면접은 어땠어?

How was **your interview?** ▶ interview 면접, 인터뷰

소개팅은 어땠어요?

How was **your blind date?** ▶ blind date 소개팅

생일 파티는 어땠어요?

How was **your birthday party?**

스페인 여행 어땠어?

How was **your trip to Spain?**

 Speaking Tip

일과를 마치고 귀가한 가족과 대화할 때 사용하기 좋은 표현입니다. 학교에서 돌아온 아이에게 엄마가
How was school today?(오늘 학교는 어땠니?) 하고 묻는 표현도 많이 쓰이니 함께 기억해 두세요.

1 오늘 하루는 어땠어요?

2 면접은 어땠어?

3 소개팅은 어땠어요?

4 생일 파티는 어땠어요?

5 스페인 여행 어땠어?

💬 **Step 3** 실제 대화로 감 잡기 우리말 부분을 영어로 떠올리며 대화를 익혀 보세요.

>>> 취업 면접을 본 친구를 만났을 때

A 면접은 어땠어?

B **I don't know. I think I'm going to fail the interview.**

A **It'll be all right. I trust you.**

A How was your interview?

B 모르겠어. 면접에서 떨어질 것 같아.

A 잘될 거야. 난 너 믿어.

▶ fail 실패하다 trust 믿다

~를 어떻게 알아?

How do you know...?

상대방이 어떻게 그걸 알고 있는지 궁금할 때, 또는 상대방이 알고 있는 데 놀라움을
나타낼 때 사용하는 패턴입니다. know 뒤에는 명사 또는 '주어+동사'의 절이 옵니다.

 **Step 1** 패턴 익히기   mp3를 들으며 큰 소리로 따라 해 보세요.

제 이름을 어떻게 아세요?

How do you know my name?*

이 노래를 어떻게 알아?

How do you know this song?

제 이메일 주소를 어떻게 아세요?

How do you know my e-mail address?

제가 교사란 걸 어떻게 아세요?

How do you know I'm a teacher?

사실이 아니라는 걸 어떻게 알아요?

How do you know it's not true?

 Speaking Tip

상대방이 내 이름을 알고 있는지 궁금하다면 Do you happen to know my name?(혹시 제 이름을
아세요?) 하고 물으면 됩니다. happen to는 '우연히 ~하다'란 뜻인데, 의문문에 쓰이면 '혹시'라는 의미
를 가집니다.

1 제 이름을 어떻게 아세요? 🎙

2 이 노래를 어떻게 알아? 🎙

3 제 이메일 주소를 어떻게 아세요? 🎙

4 제가 교사란 걸 어떻게 아세요? 🎙

5 사실이 아니라는 걸 어떻게 알아요? 🎙

💬 **Step 3** 실제 대화로 감 잡기 우리말 부분을 영어로 떠올리며 대화를 익혀 보세요.

≫≫ 친구와 음악을 들으며

A Isn't this song "My Heart Will Go On"? I really like it.

B 이 노래를 어떻게 알아? It's a pretty old song.

A It's the theme song for the movie *Titanic*.

A 이 노래 "마이 하트 윌 고 온" 아냐? 나 이 노래 정말 좋아하는데.

B How do you know this song? 꽤 오래된 노래인데.

A 영화 〈타이타닉〉의 주제곡이잖아.

▶ pretty 꽤, 매우 theme song 주제곡

221

어떻게 ~할 수 있어요?

How could you...?

상대방이 한 일에 놀라움을 표하거나 강하게 비판할 때 How could you...? 패턴을
사용할 수 있습니다. 감정을 많이 담아서 말하게 되는 표현이지요.

 Step 1 패턴 익히기   mp3를 들으며 큰 소리로 따라 해 보세요.

어떻게 **그럴** 수가 있어?

How could you **do that?**

어떻게 **그걸 잊을** 수가 있어?

How could you **forget that?**

어떻게 **나에게 거짓말을** 할 수 있어?

How could you **lie to me?**

어떻게 **그런 말을** 할 수 있어요?

How could you **say that?**

어떻게 **날 의심**할 수 있어요?

How could you **doubt me?** ▶ doubt 의심하다

 Speaking Tip

> How could you?라고 단독으로도 사용할 수 있습니다. '어떻게 그럴 수 있지?' 하고 원망하거나 놀라
> 는 말인 것이죠.

1 어떻게 그럴 수가 있어?

2 어떻게 그걸 잊을 수가 있어?

3 어떻게 나에게 거짓말을 할 수 있어?

4 어떻게 그런 말을 할 수 있어요?

5 어떻게 날 의심할 수 있어요?

💬 **Step 3** 실제 대화로 감 잡기 우리말 부분을 영어로 떠올리며 대화를 익혀 보세요.

≫≫ 아내가 남편에게 오늘이 무슨 날인지 물을 때

A Honey, do you know what today is?

B Today? I don't really remember…

A It's our wedding anniversary. 어떻게 그걸 잊을 수가 있어?

A 여보, 오늘이 무슨 날인지 알아?

B 오늘? 기억이 잘 안 나는데…

A 우리 결혼기념일이잖아. How could you forget that?

▶ wedding anniversary 결혼기념일

회화패턴

088

얼마나 자주 ~하나요?

How often do you...?

얼마나 자주 하는지 빈도를 물어볼 때 How often do you...? 패턴을 사용할 수 있습니다. 뒤에 동사원형을 이어서 말하면 됩니다.

 Step 1 패턴 익히기   mp3를 들으며 큰 소리로 따라 해 보세요.

얼마나 자주 **요가를** 하나요?

How often do you **do yoga?**★

얼마나 자주 **외식을** 하니?

How often do you **eat out?**   ▶ eat out 외식하다

얼마나 자주 **영어 공부를** 하니?

How often do you **study English?**

얼마나 자주 **헬스장에 가요?**

How often do you **go to the gym?**   ▶ gym 헬스클럽

하루에 커피를 얼마나 자주 **마시나요?**

How often do you **drink coffee a day?**

 Speaking Tip

위와 같은 질문에 대답할 때 유용한 표현들을 알아보겠습니다. '한 번'은 once, '두 번'은 twice, 세 번 이상은 숫자 뒤에 times를 붙여 주면 됩니다. Three times.처럼요. ex) I do yoga twice a week.(저는 일주일에 두 번 요가를 해요.)

1 얼마나 자주 요가를 하나요? 🎙

2 얼마나 자주 외식을 하니? 🎙

3 얼마나 자주 영어 공부를 하니? 🎙

4 얼마나 자주 헬스장에 가요? 🎙

5 하루에 커피를 얼마나 자주 마시나요? 🎙

💬 **Step 3** 실제 대화로 감 잡기 우리말 부분을 영어로 떠올리며 대화를 익혀 보세요.

⫸ 영어 공부를 얼마나 하는지 물어볼 때

A 얼마나 자주 영어 공부를 하나요?

B **I study English three times a week.**

A **I should study hard, too.**

A How often do you study English?

B 저는 일주일에 세 번 영어 공부를 해요.

A 저도 열심히 공부해야겠어요.

▶ three times a week 일주일에 3번

225

~하는 데 시간이 얼마나 걸리죠?

How long does it take to...?

시간이 얼마나 걸리는지 물어볼 때 How long does it take to...? 패턴을 사용할 수 있습니다. 특히 여행 가서 유용한 표현이에요.

 Step 1 패턴 익히기 mp3를 들으며 큰 소리로 따라 해 보세요.

계란 삶는 데 시간이 얼마나 걸리죠?

How long does it take to **boil an egg?**★ ▶ boil 끓이다, 삶다

말리는 데 시간이 얼마나 걸려요?

How long does it take to **dry?**

그거 끝내는 데 얼마나 걸려?

How long does it take to **finish it?**

거기 가려면 얼마나 걸려?

How long does it take to **get there?**

출근하는 데 시간이 얼마나 걸리세요?

How long does it take to **get to work?** ▶ get to work 출근하다

 Speaking Tip

'…하는 데 시간이 ~ 걸리다'라고 말할 때는 'It takes+시간+to...' 형태로 말하면 됩니다. ex) It takes 15 minutes to boil an egg.(계란 삶는 데 15분 걸립니다.)

1 계란 삶는 데 시간이 얼마나 걸리죠? 🎤

2 말리는 데 시간이 얼마나 걸려요? 🎤

3 그거 끝내는 데 얼마나 걸려? 🎤

4 거기 가려면 얼마나 걸려? 🎤

5 출근하는 데 시간이 얼마나 걸리세요? 🎤

💬 **Step 3** 실제 대화로 감 잡기 우리말 부분을 영어로 떠올리며 대화를 익혀 보세요.

>>> 출근 시간에 대해 이야기할 때

A 회사 출근하는 데 시간이 얼마나 걸리죠?

B **It takes an hour on foot.**

A **Seriously? It's too far to walk.**

A How long does it take to get to work?

B 걸어서 한 시간 걸려요.

A 진짜로요? 걸어 다니기에는 너무 머네요.

▶ on foot 걸어서 too ... to~ ~하기에는 너무 …한 far 먼

얼마 동안 ~할 거예요?

How long will you...?

얼마나 오래 할 건지 물어볼 때 How long will you...? 패턴을 사용할 수 있습니다.
기간을 묻는 How long과 미래의 의미를 가진 will이 합쳐진 표현입니다.

 Step 1 패턴 익히기   mp3를 들으며 큰 소리로 따라 해 보세요.

얼마 동안 **거기 있을** 거예요?

How long will you **be there?**★

얼마 동안 **여기 머물** 거야?

How long will you **stay here?**

뉴욕에서는 얼마나 **살** 거야?

How long will you **live in New York?**

얼마 동안 **여기서 일**할 거예요?

How long will you **work here?**

얼마 동안 **그걸 보관**할 거예요?

How long will you **keep it?**   ▶ keep 계속 가지고 있다, 유지하다

 Speaking Tip

will 대신에 be going to를 써서 How long are you going to...?라고 해도 마찬가지로 '얼마 동
안 ~할 거예요?'라는 예정을 묻는 표현이 됩니다. be going to를 사용하면 보다 계획된 일정이라는 뉘
앙스를 줍니다. ex) How long are you going to be there?(거기 얼마나 있을 예정이에요?)

1 얼마 동안 거기 있을 거예요? 🎤

2 얼마 동안 여기 머물 거야? 🎤

3 뉴욕에서는 얼마나 살 거야? 🎤

4 얼마 동안 여기서 일할 거예요? 🎤

5 얼마 동안 그걸 보관할 거예요? 🎤

💬 **Step 3** 실제 대화로 감 잡기 우리말 부분을 영어로 떠올리며 대화를 익혀 보세요.

>>> 처음 여행 온 사람과 이야기할 때

A It's my first time here today.

B **Really?** 얼마 동안 여기 머물 거예요?

A I'll stay here for 2 weeks.

A 전 오늘 여기 처음 왔어요.

B 정말요? How long will you stay here?

A 저는 2주 동안 여기서 지낼 거예요.

▶ first time 처음, 첫 번째

229

PART 4

알아두면 요긴한
필수 패턴

PART 4 알아두면 요긴한 **필수 패턴**

Unit 14

조동사 필수 패턴

~해야 해

You have to...

어떤 행동을 해야 한다고 말할 때 You have to... 패턴을 사용할 수 있습니다. have to는 외부적인 상황이나 기준에 의해서 결정된 것으로, 하기 싫어도 '해야 한다'는 의무감을 나타냅니다.

 Step 1 패턴 익히기 mp3를 들으며 큰 소리로 따라 해 보세요.

넌 내 말을 잘 들어야 해.

You have to listen to me.

> listen to는 '귀 기울여 듣다'
> 라는 이미지가 있어요.

넌 열심히 공부해야 해.

You have to study hard.

당신은 뭐 좀 먹어야 해요.

You have to eat something.

넌 내일까지 숙제를 꼭 끝내야 해.

You have to finish your homework by tomorrow.

집에 도착하면 손을 꼭 씻어야 해.

You have to wash your hands when you get home.*

 Speaking Tip

여기서 you는 상대방이라기보다는 '일반인' 모두를 가리켜요.

1 넌 내 말을 잘 들어야 해.

2 넌 열심히 공부해야 해.

3 당신은 뭐 좀 먹어야 해요.

4 넌 내일까지 숙제를 꼭 끝내야 해.

5 집에 도착하면 손을 꼭 씻어야 해.

💬 **Step 3** 실제 대화로 감 잡기   우리말 부분을 영어로 떠올리며 대화를 익혀 보세요.

⋙ 친구가 영화 보러 가자고 할 때

A   **Let's go to the movies tonight.**

B   **I have a test next week.**

A   **Oh, my God.** 너 열심히 공부해야겠다.

A   오늘 밤에 영화 보러 가자.

B   나 다음 주에 시험이야.

A   이런! You have to study hard.

　　▶ go to the movies 영화 보러 가다

~할 필요 없어

You don't have to...

092

어떤 행동을 할 필요 없다고 할 때 You don't have to... 패턴을 사용할 수 있습니다. 꼭 하지 않아도 되는 일이 있을 때 '그거 하지 않아도 돼. 괜찮아.'라는 느낌으로 말할 수 있습니다.

◀))) Step 1 패턴 익히기   mp3를 들으며 큰 소리로 따라 해 보세요.

서두를 필요 없어.

You don't have to **hurry.**

걱정할 필요 없어요.

You don't have to **worry.**

설명하지 않아도 돼.

You don't have to **explain.** ▶ explain 설명하다

예약하지 않아도 돼.

You don't have to **make a reservation.**

당장 할 필요는 없어요.

You don't have to **do it immediately.** ▶ immediately 즉시, 즉각

 Speaking Tip

have to의 의미가 '~해야 한다'이지만, 부정어 not을 넣은 don't have to는 '~할 필요가 없다'는 뜻인 것에 유의하세요. '강한 금지'를 나타내는 표현은 must not입니다.

1 서두를 필요 없어.

2 걱정할 필요 없어요.

3 설명하지 않아도 돼.

4 예약하지 않아도 돼.

5 당장 할 필요는 없어요.

>>> 약속에 늦을 것 같을 때

A I think I might be a little late. I'm sorry.

B It's okay. 걱정할 필요 없어요.

A I'll be right there.

A 제가 좀 늦을 것 같아요. 미안해요.

B 괜찮아요. You don't have to worry.

A 금방 갈게요.

▶ I think I might ~할지도 모르겠어요

237

회화패턴

093

넌 ~했어야 해

You should have p.p...

You should have p.p.은 '넌 ~했어야 해.'란 뜻으로, 하지 못해서 아쉽거나 후회되는 일들을 말할 때 사용합니다. 가볍게 나무라는 상황에서도 많이 쓰이는 표현입니다.

 Step 1 패턴 익히기   mp3를 들으며 큰 소리로 따라 해 보세요.

넌 그 영화를 봤어야 했어.

You should've seen the film. ▶ film 영화

좀 더 조심했어야지!

You should've been more careful!

넌 그의 충고를 따랐어야 했어.

You should've followed his advice.

날 좀 더 일찍 깨워 줬어야지.

You should've woken me up sooner.

넌 그녀에게 데이트 신청을 했어야 했어.

You should've asked her out. ▶ ask A out A에게 데이트 신청하다

 Speaking Tip

should have p.p.는 줄여서 should've p.p. 형태로 많이 사용됩니다. 이때 have는 /v/ 발음만 살짝 소리 내고 지나가는데요. [슈릅], [슈듭] 정도로 빠르게 말해 주면 됩니다.

1 넌 그 영화를 봤어야 했어. 🎤

2 좀 더 조심했어야지! 🎤

3 넌 그의 충고를 따랐어야 했어. 🎤

4 날 좀 더 일찍 깨워 줬어야지. 🎤

5 넌 그녀에게 데이트 신청을 했어야 했어. 🎤

💬 **Step 3** 실제 대화로 감 잡기 우리말 부분을 영어로 떠올리며 대화를 익혀 보세요.

››› 친구가 다리를 절룩거릴 때

A **What happened to your leg?**

B **I missed a step on the stairs and got hurt.**

A 좀 더 조심했어야지!

A 다리는 왜 그래?

B 나 계단에서 발을 헛디뎌서 다쳤어.

A You should've been more careful!

▸ miss a step 발을 헛디디다 get hurt 다치다

~하지 않는 게 좋겠어

You shouldn't...

You shouldn't...는 '~ 안 하는 게 좋겠어, ~하지 마'란 뜻으로, 무엇을 하지 않는 게 좋겠다고 조언할 때 사용합니다. 강하게 금지하는 게 아니라 가벼운 조언을 할 때 주로 사용합니다.

Step 1 패턴 익히기   mp3를 들으며 큰 소리로 따라 해 보세요.

혼자 가지 않는 게 좋겠어.

You shouldn't **go alone.** ▸ alone 혼자

포기하지 마.

You shouldn't **give up.** ▸ give up 포기하다

그런 식으로 말하지 마.

You shouldn't **say things like that.** ▸ like that 그렇게, 그것처럼

음주 운전을 하지 않는 게 좋겠어요.

You shouldn't **drink and drive.**

너무 상심하지 마.

You shouldn't **take it so hard.** ▸ take it so hard 괴롭게 생각하다

 Speaking Tip

You shouldn't는 You should not의 줄임말입니다. shouldn't는 [슈든]이나 [슈른] 정도로 발음되니 실제 원어민의 발음을 듣고 잘 따라해 주세요.

🔊 **Step 2** 우리말을 보고 영어로 말하기   5초 안에 말하도록 도전해 보세요.

1 혼자 가지 않는 게 좋겠어.

2 포기하지 마.

3 그런 식으로 말하지 마.

4 음주 운전을 하지 않는 게 좋겠어요.

5 너무 상심하지 마.

💬 **Step 3** 실제 대화로 감 잡기   우리말 부분을 영어로 떠올리며 대화를 익혀 보세요.

>>> 친구를 위로할 때

A   **Why do you look so down?**

B   **I failed my driving test three times.**

A   너무 상심하지 마.

A   왜 어깨가 축 처져 있어?

B   나 운전면허 시험에서 세 번이나 떨어졌어.

A   You shouldn't take it so hard.

▶ **down** 풀이 죽은   **driving test** 운전면허 시험

회화패턴

~인 게 틀림없어

It must be...

095

강한 추측을 할 때 It must be... 패턴을 사용할 수 있습니다. 뒤에는 '실수, 잘못'과 같은 명사나 '멋진, 힘든'과 같은 형용사 표현이 이어집니다.

Step 1 패턴 익히기   mp3를 들으며 큰 소리로 따라 해 보세요.

내 **차례**인 게 틀림없어.

It must be **my turn.**   ▶ turn 순서

뭔가 다른 것인 게 틀림없어.

It must be **something else.**

분명 **힘들**겠구나.

It must be **hard.**

틀림없이 **아주 실망스러울** 거야.

It must be **very disappointing.**   ▶ disappointing 실망스러운

분명 **여기서 일하면 정말 좋을** 거야.

It must be **great working here.**

 Speaking Tip

must는 확신을 가지고 '분명히 ~할 것이다'라고 추측하는 경우에 사용할 수 있습니다. must에 강세를 강하게 넣어서 말하면 더 자연스럽게 들립니다.

1 내 차례인 게 틀림없어.

2 뭔가 다른 것인 게 틀림없어.

3 분명 힘들겠구나.

4 틀림없이 아주 실망스러울 거야.

5 분명 여기서 일하면 정말 좋을 거야.

⋙ 친구의 근황을 물을 때

A   What is he doing these days?

B   I heard he's writing a new book.

A   분명 힘들겠구나.

A   요즘 걔 뭐한대?

B   그 친구가 새로운 책을 쓰고 있다고 들었어요.

A   It must be hard.

PART 4 알아두면 요긴한 **필수 패턴**

Unit 15

해외여행 필수 패턴

~해도 될까요?

Can I...?

허락이나 양해를 구할 때 Can I...? 패턴을 사용할 수 있습니다. 여행 중에 많이 쓰게 되는 표현 중 하나인데요. '~해도 되냐'고 물을 일이 있을 때 Can I...?를 사용해서 말해 보세요.

 Step 1 패턴 익히기   mp3를 들으며 큰 소리로 따라 해 보세요.

여기서 사진 찍어도 될까요?

Can I take a picture here?

예약을 취소할 수 있나요?

Can I cancel my reservation? ▸ reservation 예약

할인을 받을 수 있을까요?

Can I get a discount? ▸ discount 할인

신용카드로 계산해도 될까요?

Can I pay with a credit card?

체크인을 일찍 할 수 있을까요?

Can I check in early? ▸ check in 체크인하다, 입실 수속하다

 Speaking Tip

같은 의미로 쓰이는 May I...?는 Can I...?보다 공손한 느낌이 있습니다. 상대방에게 정중하게 양해나 허가를 구하는 느낌을 가집니다.

1 여기서 사진 찍어도 될까요?

2 예약을 취소할 수 있나요?

3 할인을 받을 수 있을까요?

4 신용카드로 계산해도 될까요?

5 체크인을 일찍 할 수 있을까요?

💬 **Step 3** 실제 대화로 감 잡기 우리말 부분을 영어로 떠올리며 대화를 익혀 보세요.

››› 계산대에서

A **It adds up to ten dollars.**

B 신용카드로 계산해도 될까요?

A **Sorry. We only accept cash.**

A 합해서 10달러입니다.

B Can I pay with a credit card?

A 미안합니다, 현금만 받습니다.

▶ add up to 합해서 ~가 되다   accept 받아 주다, 받아들이다

~ 좀 해 줄래요?

Can you...?

097

상대방에게 부탁을 할 때 Can you...? 패턴을 사용할 수 있습니다. 가방을 찾아 주거나 다시 설명해 달라고 하는 다양한 상황에서 활용해 보세요.

Step 1 패턴 익히기   mp3를 들으며 큰 소리로 따라 해 보세요.

제 가방 좀 찾아 줄래요?

Can you find my bag for me?

택시를 불러 주실래요?

Can you call a taxi?

호텔을 추천해 주시겠어요?

Can you recommend a hotel? ▸ recommend 추천하다

담요를 가져다 주시겠어요?

Can you bring me a blanket?

에어컨 좀 켜 줄래요?

Can you turn on the air conditioner? ▸ turn on (전원을) 켜다

 Speaking Tip

공손하게 말하고 싶다면 Can you...?를 Could you...?로 바꿔 주면 됩니다. '혹시 가능하면 ~해 주실래요?'라는 의미로 좀 더 예의 바르고 조심스러운 느낌을 줍니다.

1 제 가방 좀 찾아 줄래요?

2 택시를 불러 주실래요?

3 호텔을 추천해 주시겠어요?

4 담요를 가져다 주시겠어요?

5 에어컨 좀 켜 줄래요?

💬 Step 3 실제 대화로 감 잡기 우리말 부분을 영어로 떠올리며 대화를 익혀 보세요.

>>> 가방을 잃어버렸을 때

A I've lost my bag.

B Where did you lose it?

A I don't know. 제 가방 좀 찾아 줄래요?

A 저 가방을 잃어버렸어요.

B 어디서요?

A 잘 모르겠어요. Can you find my bag for me?

▶ lose 잃어버리다(lost는 lose의 과거/과거분사형)

● 회화 패턴 ●

098

~가 있어요?

Do you have…?

무엇이 있냐고 물어볼 때 Do you have…? 패턴을 사용할 수 있습니다. have는 '~를 가지고 있다'라는 의미이지만, '~가 있다' 정도로 해석하는 것이 훨씬 더 자연스럽습니다.

 Step 1 패턴 익히기　mp3를 들으며 큰 소리로 따라 해 보세요.

아스피린 있나요?

Do you have any aspirin?

세 명이 앉을 자리가 있나요?

Do you have a table for three? 식당에 가서 흔히 쓸 수 있는 표현입니다.

더 큰 거 있어요?

Do you have a larger one? ▶ larger 더 큰 (large의 비교급)

더 싼 것 있나요?

Do you have anything cheaper?

오늘 밤에 빈방이 있나요?

Do you have a room available tonight?

 Speaking Tip

상점, 음식점 등에 가면 이런 말을 자주 듣습니다. How many (are there) in your party?(일행이 몇 분이세요?) party에는 우리가 아는 '파티' 이외에도 '단체'나 '일행'이라는 의미도 있습니다.

Step 2 우리말을 보고 영어로 말하기 5초 안에 말하도록 도전해 보세요.

1 아스피린 있나요?

2 세 명이 앉을 자리가 있나요?

3 더 큰 거 있어요?

4 더 싼 것 있나요?

5 오늘 밤에 빈방이 있나요?

Step 3 실제 대화로 감 잡기 우리말 부분을 영어로 떠올리며 대화를 익혀 보세요.

>>> 예약하지 않고 호텔에 들어갔을 때

A 오늘 밤에 빈방이 있나요?

B **A single or double room?**

A **I'd like a double room, please.**

A Do you have a room available for tonight?

B 싱글룸인가요, 더블룸인가요?

A 더블룸으로 주세요.

▶ single room 1인용 (침대가 있는) 객실 double room 2인용 (침대가 있는) 객실

~는 얼마예요?

How much is...?

가격을 물어볼 때 흔히 How much is...?를 씁니다. is 다음에 가격을 물어보는 대상을 말하면 되죠.

 **Step 1** 패턴 익히기   mp3를 들으며 큰 소리로 따라 해 보세요.

그거 얼마예요?

How much is it?

하루에 얼마예요?

How much is it per day? ▸ per ~당, ~마다

입장권은 얼마예요?

How much is the ticket?

뉴욕행 편도는 얼마예요?

How much is a one-way ticket to New York?

▸ one-way ticket 편도표 (round-trip ticket 왕복표)

서비스 요금은 얼마예요?

How much is the service charge? ▸ service charge 서비스 요금

 Speaking Tip

'요금'은 종류에 따라 쓰는 표현이 달라요. 버스, 비행기 등 대중교통의 운임은 fare, 어떤 서비스나 상품의 이용 요금은 charge를 씁니다.

우리말을 보고 영어로 말하기 5초 안에 말하도록 도전해 보세요.

1 그거 얼마예요?

2 하루에 얼마예요?

3 입장권은 얼마예요?

4 뉴욕행 편도는 얼마예요?

5 서비스 요금은 얼마예요?

실제 대화로 감 잡기 우리말 부분을 영어로 떠올리며 대화를 익혀 보세요.

>>> 옷 가게에서 마음에 드는 것을 발견했을 때

A I like this red shirt.

B This is a limited edition.

A 얼마예요?

A 이 빨간색 셔츠가 마음에 들어요.

B 이건 한정판이에요.

A How much is it?

▶ limited edition 한정판

~해 주세요

Please...

공손하게 무엇을 해 달라고 할 때 Please... 패턴을 사용할 수 있습니다. 모든 말에 please만 붙이면 아주 공손한 어감으로 변신할 수 있으니 습관처럼 쓸 수 있게 연습해 주세요.

 Step 1 패턴 익히기 mp3를 들으며 큰 소리로 따라 해 보세요.

이것 좀 포장해 주세요.

Please wrap this up. ▶ wrap up 싸다, 감싸다

7시에 모닝콜 부탁해요.

Please give me a wakeup call at 7:00.

morning call은 콩글리시예요.

전화번호 좀 알려 주세요.

Please give me your number.

와인 한 잔 더 부탁드려요.

Please bring me another glass of wine.

통로 쪽 자리로 주세요.

Please give me an aisle seat. ▶ aisle seat 통로 쪽 좌석

 Speaking Tip

영어는 존댓말이 없다는 말을 하는 분들이 있습니다만, 실제로 그렇지 않습니다. Please, Would you...? 등 격식 있는 표현이 많으니, 유심히 보고 충분히 연습해 주세요.

254

1 이것 좀 포장해 주세요.

2 7시에 모닝콜 부탁해요.

3 전화번호 좀 알려 주세요.

4 와인 한 잔 더 부탁드려요.

5 통로 쪽 자리로 주세요.

Step 3 실제 대화로 감 잡기 우리말 부분을 영어로 떠올리며 대화를 익혀 보세요.

>>> 식당에서

A Would you like anything else?

B 와인 한 잔 더 부탁드려요.

A I'll bring it to you soon.

A 더 필요한 거 있으세요?

B Please bring me another glass of wine.

A 금방 가져다 드릴게요.

▶ anything else 그 밖에 다른 것

255

수고하셨습니다!